U0476636

中国国家人文地理

宁夏 吴忠

《中国国家人文地理》编委会 编

"十四五"国家重点图书
国家重大出版工程

国家出版基金项目

中国地图出版社·北京

图书在版编目（CIP）数据

吴忠 /《中国国家人文地理》编委会编. -- 北京：中国地图出版社，2024.1
（中国国家人文地理）
ISBN 978-7-5204-3538-3

Ⅰ. ①吴… Ⅱ. ①中… Ⅲ. ①吴忠-概况 Ⅳ. ① K924.33

中国国家版本馆 CIP 数据核字 (2023) 第 230321 号

吴忠（中国国家人文地理）
WUZHONG（ZHONGGUO GUOJIA RENWEN DILI）

出版发行	中国地图出版社		
社　　址	北京市白纸坊西街3号	邮政编码	100054
电　　话	010-83543926	网　　址	www.sinomaps.com
印　　刷	河北环京美印刷有限公司	经　　销	新华书店
成品规格	185mm×250mm	印　　张	16.25
字　　数	252千字		
版　　次	2024年1月第1版	印　　次	2024年1月第1次印刷
定　　价	158.00元		

书　　号	ISBN 978-7-5204-3538-3
审 图 号	GS京（2023）0428号

如有印装质量问题，请与我社发行部联系

中国国家人文地理

《中国国家人文地理》编辑委员会

总 顾 问：**孙家正** 第十一届全国政协副主席
顾　　问：**吴良镛** 中国科学院院士、中国工程院院士
　　　　　柳斌杰 第十二届全国人大教科文卫委员会主任委员
　　　　　王家耀 中国工程院院士
　　　　　陆大道 中国科学院院士
　　　　　单霁翔 故宫博物院原院长
　　　　　潘公凯 中央美术学院教授、著名艺术家
　　　　　唐晓峰 北京大学教授
主　　任：**王广华** 自然资源部部长
副 主 任：**王春峰** 自然资源部原党组成员
　　　　　范恒山 国家发展改革委原副秘书长
执行主任：**王宝民** 中国地图出版集团董事长
　　　　　温宗勇 北京城市学院副校长
委　　员（按姓氏笔画排序）：
　　　　　吕敬人 清华大学教授
　　　　　华林甫 中国人民大学教授
　　　　　李永春 自然资源部地理信息管理司司长
　　　　　李瑞英 中央广播电视总台电视播音指导
　　　　　宋超智 中国测绘学会理事长
　　　　　张拥军 中央网信办网络综合治理局局长
　　　　　陈胜利 文化和旅游部中国数字文化集团总编辑
　　　　　陈洪宛 国家发展改革委财政金融和信用建设司司长
　　　　　陈德彧 民政部区划地名司副司长
　　　　　武文忠 自然资源部总规划师
　　　　　武廷海 清华大学教授
　　　　　周尚意 北京师范大学教授
　　　　　凌　江 生态环境部综合司督察专员
　　　　　黄贤金 南京大学教授
　　　　　鲁西奇 复旦大学教授

《中国国家人文地理》宁夏回族自治区编纂指导委员会

主　　任：周庆华　宁夏回族自治区党委宣传部常务副部长

副 主 任：常晋宏　宁夏回族自治区自然资源厅党组书记、厅长
　　　　　蔡　菊　宁夏回族自治区党委宣传部副部长、文化和旅游厅党组书记、厅长
　　　　　马英俊　宁夏回族自治区党委宣传部副部长、新闻出版局（版权局）局长
　　　　　马文锋　宁夏社会科学院党组副书记、院长

委　　员：雍建华　银川市委常委、秘书长、宣传部部长
　　　　　王正儒　石嘴山市委常委、宣传部部长
　　　　　高建博　吴忠市委常委、宣传部部长
　　　　　褚一阳　固原市委常委、宣传部部长
　　　　　高　鹏　中卫市委常委、宣传部部长

《中国国家人文地理·吴忠》编辑委员会

主　　任：高建博　吴忠市委常委、宣传部部长

副 主 任：李　宁　吴忠市委宣传部副部长、文明办主任
　　　　　杨宗麒　吴忠市委宣传部二级调研员

委　　员：王照陆　冯茂璋　赵志锋　马学峰　马　勤
　　　　　马玉祥　杨桂琴　黄　培　汪　洋　马梅花
　　　　　马千里　张宏志　闫　浩　苏晓理　陈雪松
　　　　　李　焜　马丽红　赖学荣　胡建东　马　娟
　　　　　杨志贵　周文杰　王贻宁　马青松　徐怀俊
　　　　　郑慧玲　刘　艳　袁佳慧

《中国国家人文地理》编辑部

主　　　任：陈　平　徐根才
执 行 主 任：陈　宇　卜庆华
编　　　辑：方　芳　赵　迪　苏文师　张　娴
　　　　　　高红玉　周秀芳　周怡君　孙　竹
　　　　　　张宏年　董　明　甄艺津

《中国国家人文地理》战略合作：
北京市测绘设计研究院

《中国国家人文地理·吴忠》编辑部

主　　　任：高建博
执 行 主 任：李　宁　孙广文
编　　　审：胡建东　杨宗麒
编　　　辑：袁佳慧　张玉海

目 录

1 总序
3 序
6 吴忠名片
  6 灵州故城
  8 九渠之首
  10 移民新貌
  12 黄河明珠

001 吴忠概况
  002 地理位置
  002 行政区划
  002 地形地貌
  004 气候
  005 人口
  006 经济
  008 交通
  009 资源环境

017 历史溯源
  020 秦汉富平

024　塞北江南

026　弘化公主和亲

028　灵州高会

032　明代吴忠

037　红色吴忠

038　盐池红色政权

042　豫海回民自治

046　同心县红军西征纪念馆

048　边区革命建设

052　革命烈士纪念园

061　黄河明珠

062　青铜峡黄河大峡谷

066　哈巴湖国家级自然保护区

070　吴忠黄河国家湿地公园

072　罗山国家级自然保护区

076　牛家坊民俗文化旅游景区

079　人文名胜

080　鸽子山遗址

082　盐池县古长城遗址

086　牛首山寺庙群

090　青铜峡一百零八塔

094　韦州康济寺塔

　　096　明王陵

　　100　盐州古城文化旅游区

　　106　黄河坛

113　人文集萃

　　114　民俗

　　120　民艺

　　124　百工

　　132　物产

　　138　美食

151　保护开发

　　152　陕甘宁盐环定扬黄工程

　　156　红寺堡移民

　　160　草原生态建设

　　164　青铜峡水利枢纽工程

169　产业新篇

　　170　青铜峡大米

　　172　葡萄酒产业

　　176　牛奶产业

　　180　盐池滩羊

　　184　特色餐饮

- 188 清洁能源
- 190 现代工业

201 发展成就
- 202 以新发展理念引领高质量发展
- 204 创新驱动产业转型升级
- 206 坚持生态优先绿色发展
- 210 脱贫攻坚全面胜利
- 212 城乡面貌日新月异
- 216 民生福祉持续增进
- 218 立德树人建设文明吴忠
- 220 民族团结之花常开长盛

225 未来展望
- 226 加快推进黄河流域生态保护和高质量发展先行区建设
- 230 建设铸牢中华民族共同体意识示范市
- 232 建设绿色发展先行市

234 附录

总 序

《周易》曰："观乎人文，以化成天下""仰以观于天文，俯以察于地理，是故知幽明之故"。察地理、观人文，体现的是中华民族对自然环境和社会人文的关注，是道法自然与教化天下的情怀。

中华民族有5000多年连绵不断的文明史，而承载中国历史文化的地理空间是广袤复杂的。在一个辽阔的地域上，由于地理环境、人群构成、社会历史发展进程的不同，自然、经济、人文、社会等诸方面存在着明显的地域差异，也孕育了不同特质、各具特色的地域景观。

中国是一个统一的多民族国家，中华文化是丰富多彩又浑然一体的文化。一方水土养一方人，一方水土孕育一方文化，一方文化影响一方经济、造就一方社会。不同个性特质、各具鲜明特色的地域文化，不仅是源远流长的中华文化的有机组成部分，也是中华民族的宝贵财富。地域文化的发展既是地域经济社会发展不可忽视的重要组成部分，又是地方经济社会发展的窗口和品牌，已成为增强地域经济竞争能力和推动社会快速发展的重要力量。

这套《中国国家人文地理》丛书，以地级行政区域为地理单位，从时间和空间两个维度，以历史为线索，以地理为载体，权威、立体、详细地展现地域的历史文化、人文资源、地理国情、生态环境以及经济社会发展，并归纳提炼出特色地域文化，打造城市名片，可以称得上是一部区域的"百科全书"，对提升城市软实力，扩大对外影响力，助推地方经济和社会发展具有重要意义。其实，这套丛书的意义远远超出地理区域，它展示和讲述的虽然只是一个个具体的局部，但它为人们提供了一个个不同的视角、一个个不同的出发地，让人们多角度地去认识一个多元一体化的伟大国度，从而生动具体地领略它的包容博大、多姿多彩、生机勃勃。正因为如此，这套丛书绝非地域推介的集成，而是一套从个性出发，了解我们国家全貌、民族完整历史的教科书。丛书将文字、图片、地图、信息图表相融合的设计，为传统的图书注入了新的视觉体验，以雅俗共赏的方式将中华文化和各地人文地理的精华呈现给社会大众，为读者带来了一份精彩的文化大餐。

这套丛书从策划到执行，都得到了中央、国家有关部委和地方各级政府的大力支持，并已列入"十三五""十四五"时期国家重点出版物出版专项规划和国家重大出版工程，这体现了国家对它的认可和重视。丛书的出版，必将充分发挥出版记录历史、传承文明、宣传真理、普及科学、资政育人的功能，为弘扬中华优秀传统文化，增强中华文化软实力，扩大中华文化影响力，建设社会主义文化强国作出重要贡献，并为中华文化走出去提供助力。

编撰《中国国家人文地理》丛书是新时代文化领域的一件大事。因此，我欣然为这套丛书作序，并相信全国将会有更多的城市陆续参与到这一大型图书工程中来，共同讲好中国故事，传播好中国声音，凝聚中国力量，建设美丽中国，为中华文化增色添彩。

第十一届全国政协副主席

序

吴忠地处宁夏平原腹地，毗邻陕西省、甘肃省、内蒙古自治区。吴忠历史悠久、文化灿烂，是宁夏开发最早的引黄灌溉区，是古代宁夏的政治、经济、军事、文化、交通和商贸中心，素有"水旱码头""天下大集""军事重镇""天下粮仓"之称，是"塞北江南"的发祥地。

吴忠历史底蕴深厚。秦始皇帝三十三年（公元前214年），在吴忠境内设富平县。自此，吴忠已有2237年的建城史。唐代，吴忠是灵州城所在地，在这里，唐太宗举行了盛大的"灵州高会"，唐肃宗也是在这里登基称帝；明筑吴忠堡；清设宁灵厅；1955年成立吴忠回族自治州，1972年设立银南地区，1998年成立地级吴忠市。吴忠自古就有多条通衢大道连通中原，又可过黄河越贺兰山通过河西走廊前往西域各国。自汉代开辟丝绸之路后，吴忠便成为丝绸之路上的"中枢站"。

吴忠，是红色热土。1936年6月，西征红军解放盐池，盐池县成为宁夏第一个县级红色政权诞生地，也是陕甘宁边区的经济中心、西北门户和后勤保障基地。1936年10月，中国工农红军一、二、四方面军会聚同心，建立了中国共产党第一个县级回民自治政权——豫海县回民自治政府，朱德、周恩来、彭德怀、邓小平等200多位共和国缔造者在这片热土上留下了光辉足迹。埃德加·斯诺的经典著作《红星照耀中国》（即《西行漫记》）的部分素材即源于他在这里的见闻。

吴忠山川秀美，风光秀丽。吴忠市南山壮丽、北川秀美，集广袤草原与江南水乡于一体，加之农业文明和黄河文明交相辉映，是一个风光旖旎的全域旅游观光宝地，全市共有 A 级景区 28 个。黄河自金沙湾入十里大峡谷，经大禹文化园、一百零八塔至灵州遗址古城湾，形成了独具特色的黄河历史文化与生态人文景观。这里长城横列，墩台棋布，有"中国露天长城博物馆"之美誉。巍巍盐州城，悠悠兴武营，雄伟长城关，承载着中华民族的长城文化。吴忠河湖水系连通，水中有城、城中有景，被评为国家生态文明建设示范市。

吴忠物华天宝，文化璀璨。吴忠是宁夏重要的能源基地，也是中国塞上硒都、全国商品粮基地、奶牛养殖基地、酿酒葡萄产业基地和中国滩羊之乡、甘草之乡、亚麻籽油之乡。吴忠美食驰名天下，馓子、油香、锅盔等面点香甜酥脆，独具特色的手抓羊肉、白水鸡、炒糊饽（炒饼）是有名的三大传统风味小吃。手抓羊肉、羊杂等特色美食亮相《舌尖上的中国（第二季）》，为吴忠赢得了"游在宁夏，吃在吴忠"的赞誉。同时，婉转优美的花儿、精美绝伦的刺绣、风味独特的强家老醋等非物质文化遗产让人感受到这座灵韵之城的深厚积淀。吴忠市现有国家级非物质文化遗产项目 7 项，自治区级非物质文化遗产项目 76 项，市级非物质文化遗产项目 72 项，国家级非物质文化遗产代表性传承人 9 人，自治区级非物质文化遗产代表性传承人 60 人，市级非物质文化遗产代表性传承人 123 人。

如今的吴忠，全市上下团结奋进，砥砺前行，在加快建设黄河流域生态保护和高质量发展先行区、乡村全面振兴样板区、铸牢中华民族共同体意识示范区方面走在前、做表率，奋力建设现代化美丽新吴忠。2022 年年底规模以上企业达到 375 家、产值过亿元工业企业达 139 家。现代化工、新型材料等 4 个产业和太阳山、金积、青铜峡、盐池工业园区产值均过百亿元，金积工业园区、青铜峡工业园区被评为国家级绿色园区和自治区级高新区。葡萄酒、盐池滩羊产业走上国际舞台。吴忠发展画卷色彩斑斓，美丽的"吴忠梦"熠熠生辉。

《中国国家人文地理·吴忠》是宣传吴忠的生动窗口，本书的出版发行对于进一步提高吴忠的知名度、美誉度具有重要的意义。相信读过本书的您一定会梦见吴忠，来到吴忠，在"游在宁夏，吃在吴忠""黄河明珠、美丽吴忠""吴忠有'忠'，一见'忠'情"的城市魅力中品味吴忠、品读吴忠、赞美吴忠。

《中国国家人文地理·吴忠》编辑委员会

2023年10月

吴忠名片

灵州故城

灵州，西汉惠帝时置，治所在今宁夏吴忠市北。《汉书·地理志》颜师古注：「水中可居者曰洲。此地在河之洲，随水高下，未尝沦没，故号灵洲。」灵州自古农业发达，商贸繁荣，是西北地区久负盛名的城市。

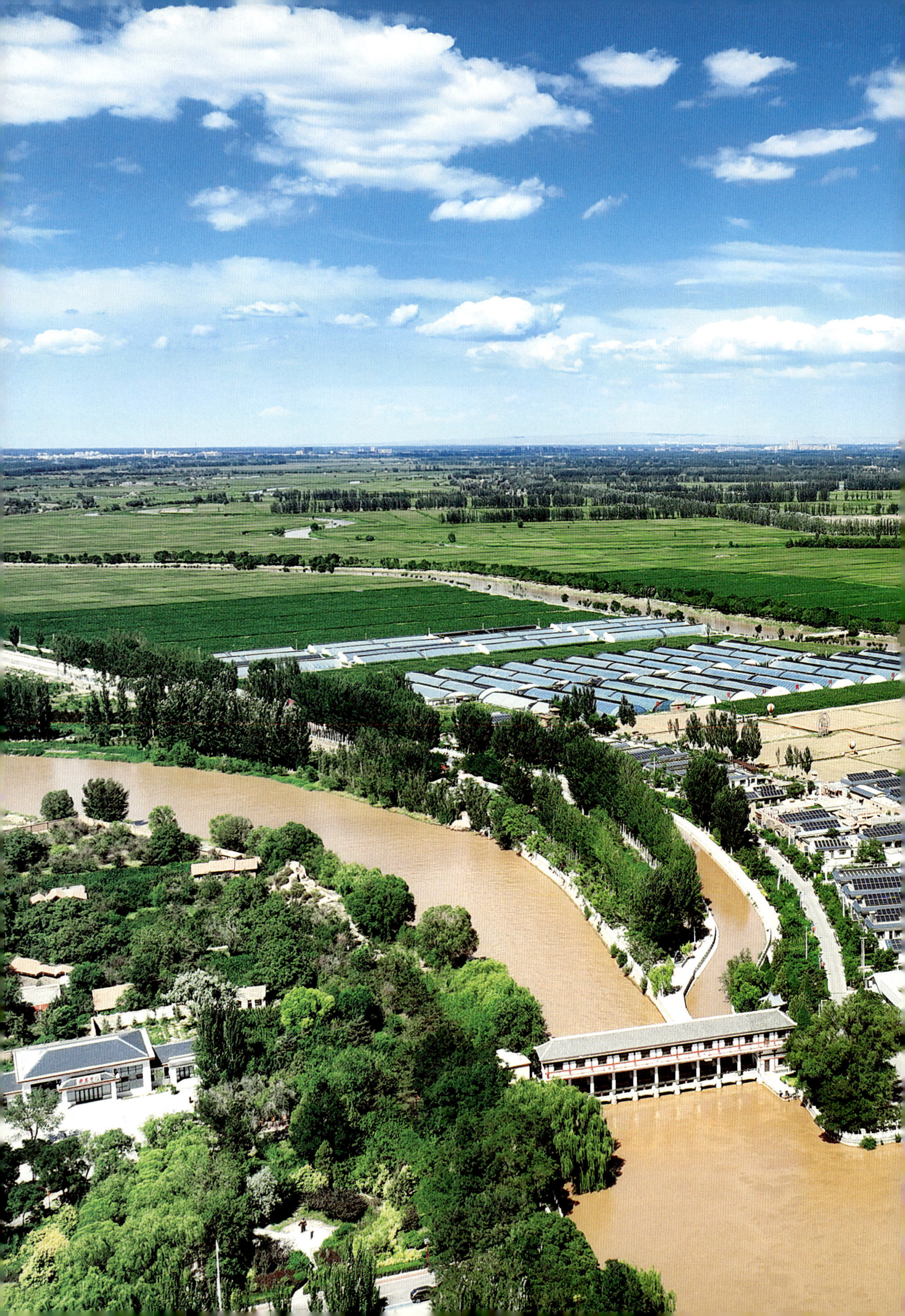

九渠之首

吴忠市辖区内的青铜峡，因河而灵，因峡而名，因水而富。黄河在青铜峡市穿境而过五十八千米，自秦汉以来，吴忠先民们先后开掘了秦渠、汉延渠、唐徕渠等九大古干渠，青铜峡因此有「九渠之首」之誉。吴忠先民在这里开创了自流灌溉、无坝引水等水利工程奇迹。

移民新貌

红寺堡区是宁夏为贯彻落实《国家八七扶贫攻坚计划》和《宁夏双百扶贫计划》、解决宁夏中南部山区贫困群众脱贫问题而建设的大型移民区，是宁夏扶贫扬黄灌溉工程的主战场。经过二十多年的开发建设，红寺堡区现已成为一片绿洲，经济、社会、文化等各项事业快速发展，成为扶贫攻坚的典型案例。

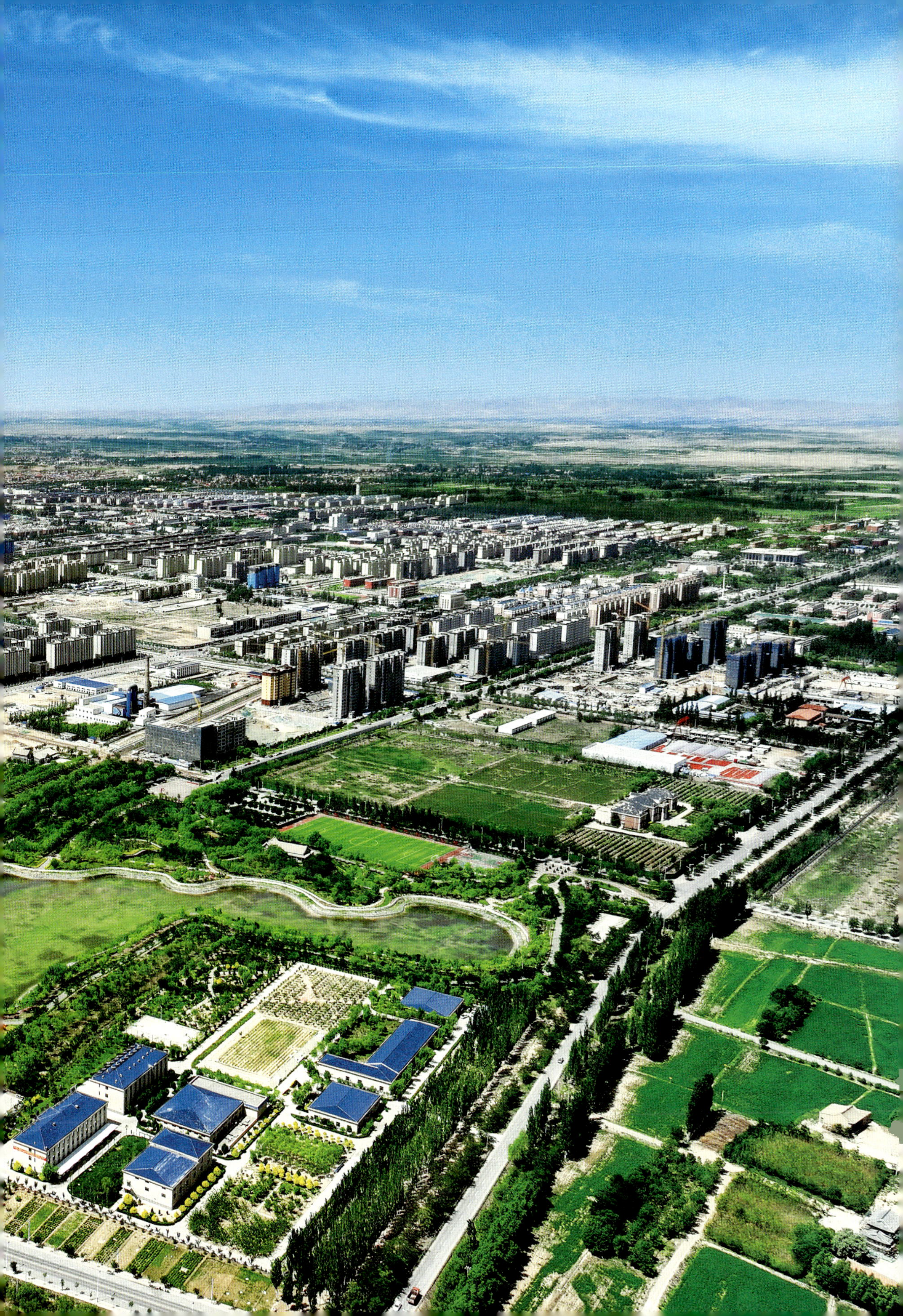

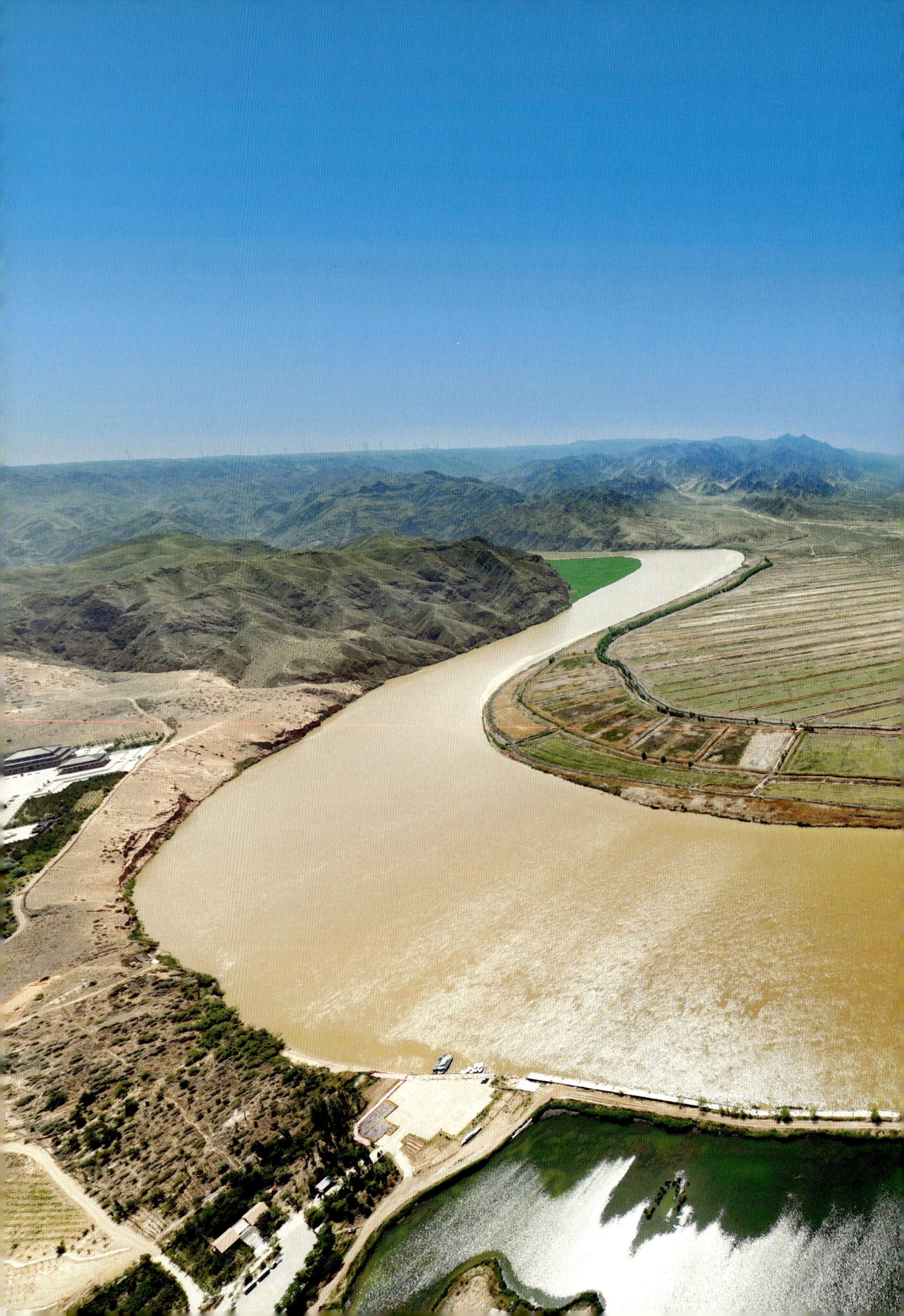

黄河明珠

吴忠已有两千多年的建城史。这里是唐代灵州城所在地，拥有古长城、秦汉古渠等古迹名胜，自古就是丝绸之路的重要通道。走近吴忠，可见黄河两岸水草丰茂，碧水蓝天；走进吴忠，则是高楼林立，车水马龙。一座集广袤草原与江南水乡于一体的城市跃然眼前。吴忠人民正奋力建设经济更加繁荣、民族更加团结、环境更加优美、人民更加富裕的黄河明珠——美丽吴忠。

吴忠在宁夏的位置示意图　　　　宁夏在中国的位置示意图

吴忠概况

地理位置
行政区划
地形地貌
气候
人口
经济
交通
资源环境

吴忠市面积 2.14 万平方千米

地理位置

吴忠市位于宁夏回族自治区中部，黄河上游，地跨东经 105°17′~107°47′，北纬 36°34′~38°15′。南接固原市，北靠银川市，西南连中卫市，东临陕西省榆林市，东北、西北分别与内蒙古自治区鄂尔多斯市和阿拉善盟相连，东南与甘肃省庆阳市环县接壤。

行政区划

吴忠市辖利通区、红寺堡区 2 个市辖区，青铜峡市 1 个县级市，盐池县和同心县 2 个县，共 44 个乡镇、3 个街道，497 个行政村、90 个社区。

地形地貌

吴忠市东西最宽处 297 千米，南北最长处 200 千米。地势南高北低，北部为黄河冲积平原，东部属鄂尔多斯台地，东北接毛乌素沙地，南部为鄂尔多斯高原西部与黄土高原北部衔接地带，东南部为黄土丘陵，群山环绕，沟壑纵横。

吴忠市行政区划示意图

气候

吴忠 气候特点

- 四季分明
- 气候干燥
- 日照充足
- 降水不均

吴忠市地处中国西北内陆，坐落于黄河之滨，属中温带干旱、半干旱气候地区，具有明显的大陆性气候特征。年平均降水量256.5毫米，降水分布不均匀，山区多，灌区少；夏、秋季多，冬、春季少；汛期降水量189.2毫米，占全年总量的73%。春夏之交多风沙天气。

年平均气温 9.6℃

人口

截至2023年年底，吴忠市常住人口为140.27万人。其中，城镇人口为81.27万人，占总人口的57.94%；农村人口为59.00万人，占总人口的42.06%。回族人口77.52万人，其他少数民族0.42万人。吴忠市有回族、满族、蒙古族等36个少数民族。

57.94%
吴忠市常住人口城镇化率

吴忠市盛元小学在吴忠市利通区初心馆开展民族团结进步宣传教育活动

经济

吴忠市自古以农业为主，辅以畜牧业。近年来，吴忠市工业和服务业发展迅速，逐步成为经济主体。2023年，吴忠市实现GDP 902.44亿元，人均GDP 64418元，人均可支配收入25796元。其中，第一产业增加值123.71亿元，对经济增长的贡献率为14.6%；第二产业增加值450.67亿元，对经济增长的贡献率为45.9%；第三产业增加值328.06亿元，对经济增长的贡献率为39.5%。

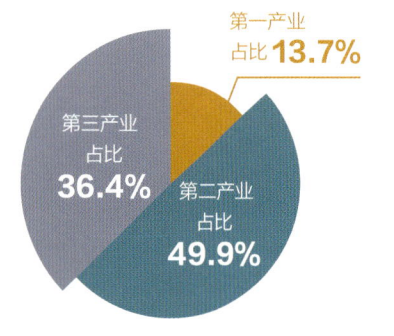

第一产业占比 **13.7%**
第三产业占比 **36.4%**
第二产业占比 **49.9%**

2023年吴忠市三次产业结构示意图

2023年第一产业增加值 **123.71亿元**

2023年第二产业增加值 **450.67亿元**

2023年第三产业增加值 **328.06亿元**

吴忠市特色农业发展迅速，奶、葡萄酒、滩羊和肉牛等重点特色产业产值占农业总产值的90%以上。现有奶牛存栏33.4万头。年产优质葡萄酒4.25万吨。"盐池滩羊"成为中国驰名品牌。

新兴产业发展迅速，构建形成了以特色为主导、新兴为方向、传统为支撑的"344"产业体系，新材料、现代化工等4个产业产值突破百亿元；红寺堡区、盐池县被纳入全国整县（市、区）屋顶分布式光伏开发试点名单。

现已成功举办三届早茶美食文化节，并荣获"早茶文化地标城市""中国面食培训基地""西部美食地标城市"称号。盐州古城创建为国家级夜间文化和旅游消费集聚区，光耀美食街创建为国家级旅游休闲街区，三条乡村旅游线路入选全国"乡村四时好风光"线路，利通区东塔寺乡、牛家坊村、石佛寺村，红寺堡区弘德村、永新村，青铜峡市韦桥村、地三村，盐池县兴武营村、曹泥洼村、何新庄村成功入选全国乡村旅游重点镇（村）。

2023年吴忠市GDP
902.44亿元

2023年吴忠市人均GDP
64418元

美丽吴忠

金积高速枢纽

立体交通网络

交通

吴忠市路网密集、交通便捷，是新亚欧大陆桥沿线的重要商贸城市和区域性中心城市。境内包兰铁路、宝中铁路、大古铁路、太中银铁路、太中银铁路联线、银西高铁、银川—中卫城际铁路穿境而过，乌玛高速、京藏高速、青银高速、古青高速、银百高速、福银高速等9条高速纵贯市域，基本实现与内蒙古、甘肃、陕西等区域的高速公路联通。建制村全部通硬化路，红寺堡区、盐池县、同心县被评为全国"四好农村路"示范县，青铜峡市被评为全区"四好农村路"示范县。国家级航空港银川河东机场距吴忠40千米。吴忠已形成以航空、铁路、公路为主的立体交通网络。

苜蓿收割

资源环境

土地资源

据第三次全国国土调查统计，吴忠市土地总面积166.68万公顷，其中，耕地32.23万公顷，约占19%；林地26万公顷，约占16%；草地78万公顷，约占47%；其他约占18%。

吴忠市土地资源利用示意图

耕地约占总面积的
19%

林地约占总面积的
16%

草地约占总面积的
47%

矿产资源

吴忠市能源矿产较丰富，非金属矿产种类多，金属矿产种类少，矿产地相对集中。目前探明石油储量 4500 万吨；天然气远景储量 8000 亿方，探明储量 3000 亿方；探明煤炭资源储量 60 亿吨。现有油田 7 个，煤矿区 6 个。非金属矿产种类多，规模大，产地集中，主要以石膏、石灰岩和砂石黏土矿为主。已建成中国西北石膏产业基地、太阳山能源新材料基地。金属矿产以镁矿（白云岩）为主。现有镁矿区 3 个，是太阳山能源新材料基地主要依托的矿产区。

天然气探明储量
3000 亿方

吴忠市部分矿产资源储量表

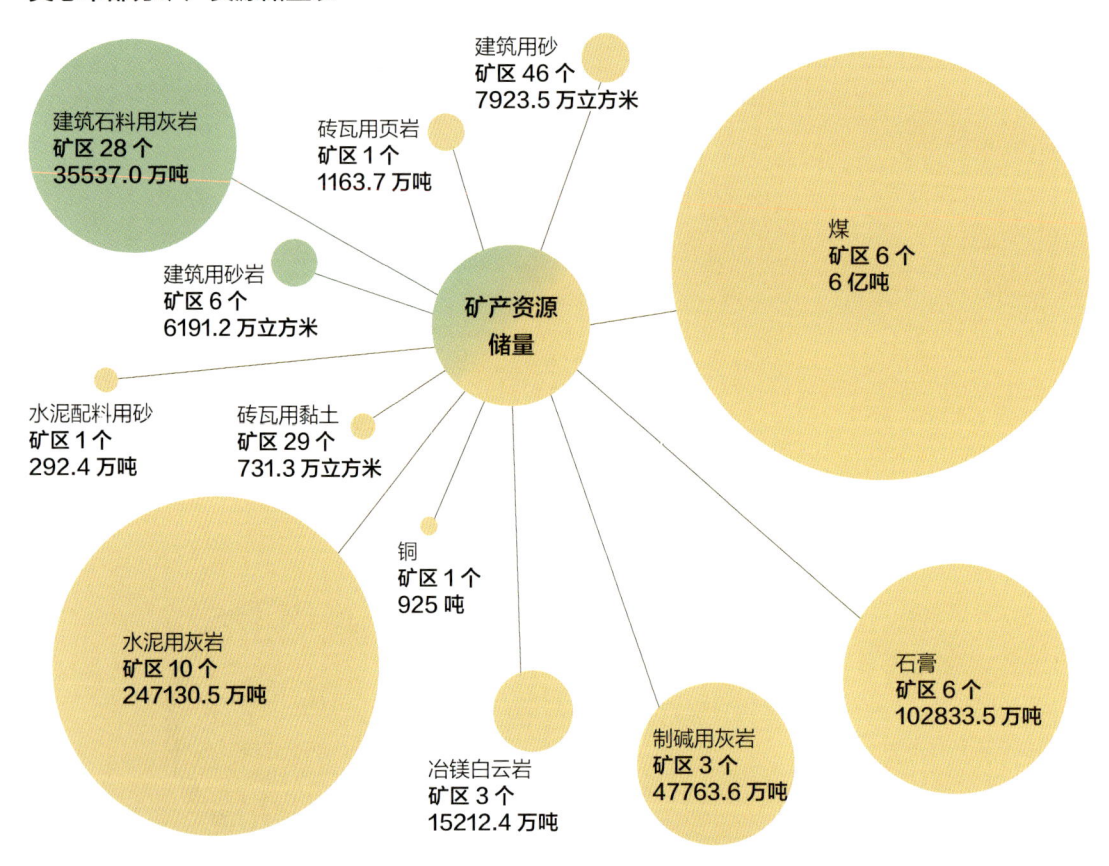

- 建筑石料用灰岩 矿区 28 个 35537.0 万吨
- 建筑用砂 矿区 46 个 7923.5 万立方米
- 砖瓦用页岩 矿区 1 个 1163.7 万吨
- 煤 矿区 6 个 6 亿吨
- 建筑用砂岩 矿区 6 个 6191.2 万立方米
- 水泥配料用砂 矿区 1 个 292.4 万吨
- 砖瓦用黏土 矿区 29 个 731.3 万立方米
- 铜 矿区 1 个 925 吨
- 水泥用灰岩 矿区 10 个 247130.5 万吨
- 冶镁白云岩 矿区 3 个 15212.4 万吨
- 制碱用灰岩 矿区 3 个 47763.6 万吨
- 石膏 矿区 6 个 102833.5 万吨

生态牧场

生物资源

  吴忠市生物资源丰富。截至 2022 年年底，吴忠市森林面积 20.7 万公顷，森林覆盖率达 12.34%；草原面积 77.15 万公顷，草原综合植被盖度为 54.9%；湿地面积 4.53 万公顷，湿地保护率达 28%。全市共有国家重点保护动物 57 种，其中国家一级保护动物 16 种，国家二级保护动物 41 种；共有国家重点保护植物 10 种，其中国家一级保护植物 1 种，国家二级保护植物 9 种。

  盐池县的甘草、滩羊、二毛皮享誉全国，利通区涝河桥牛肉、青铜峡大米、扁担沟苹果全区闻名。

12.34%
森林覆盖率

水资源

吴忠市境内共有 9 条水系（黄河、苦水河、清水河、清水沟、清宁河、南环水系、罗家河、南干沟、红柳沟），全长 57.9 千米。

黄河干流在吴忠市境内穿行 69 千米，形成湖泊 32 个，总面积 0.13 万公顷。此外，集水面积在 50 平方千米以上的山洪沟有 42 条，水库有 13 座。

风能、光伏资源

吴忠市日照充分，热量丰富，风能充沛，全市清洁能源及相关制造业发展迅猛，相关企业总数达到 84 家。累

光伏电站

计建成风力发电项目 77 个、光伏发电场站 67 个，大型分布式光伏场站 1531 个；新能源建成并网规模达到 1545.3 万千瓦（其中：水电 30.2 万千瓦、生物质发电 1 万千瓦、光伏发电 583.8 万千瓦、风电 930.3 万千瓦），占全区清洁能源电力装机规模的 51%（其中，光伏占全区的 35.4%，风电占全区的 63.81%）。

新能源建成并网规模占全区清洁能源电力装机规模的 **51%**

生态环境

2022 年，吴忠市城市空气质量优良天数为 296 天，黄河流域吴忠段水质达到 Ⅱ 类。全市工业危险废物及医疗废物安全处置率达到 100%。

生态优良的吴忠黄河国家湿地公园

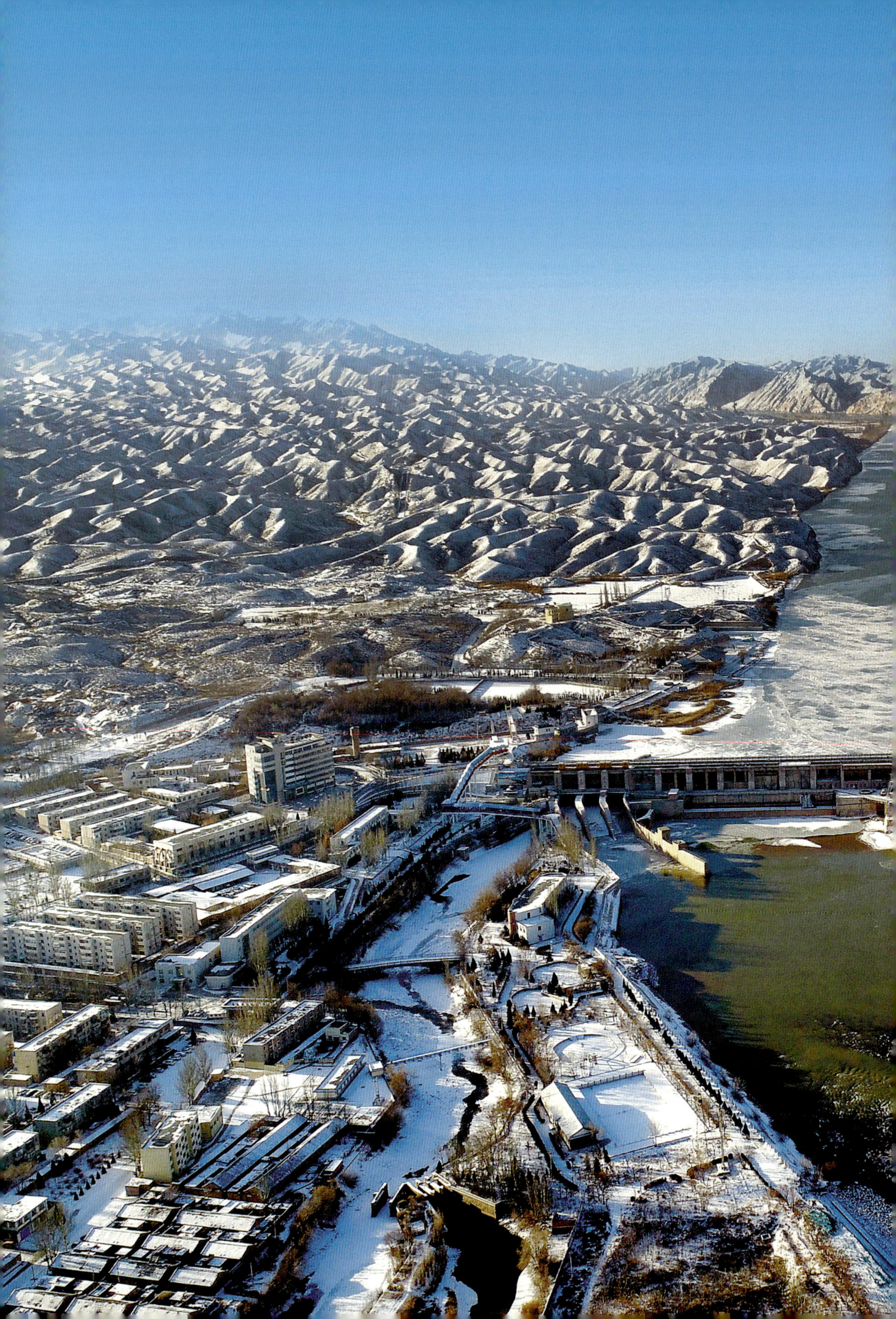

冬日的青铜峡拦河大坝

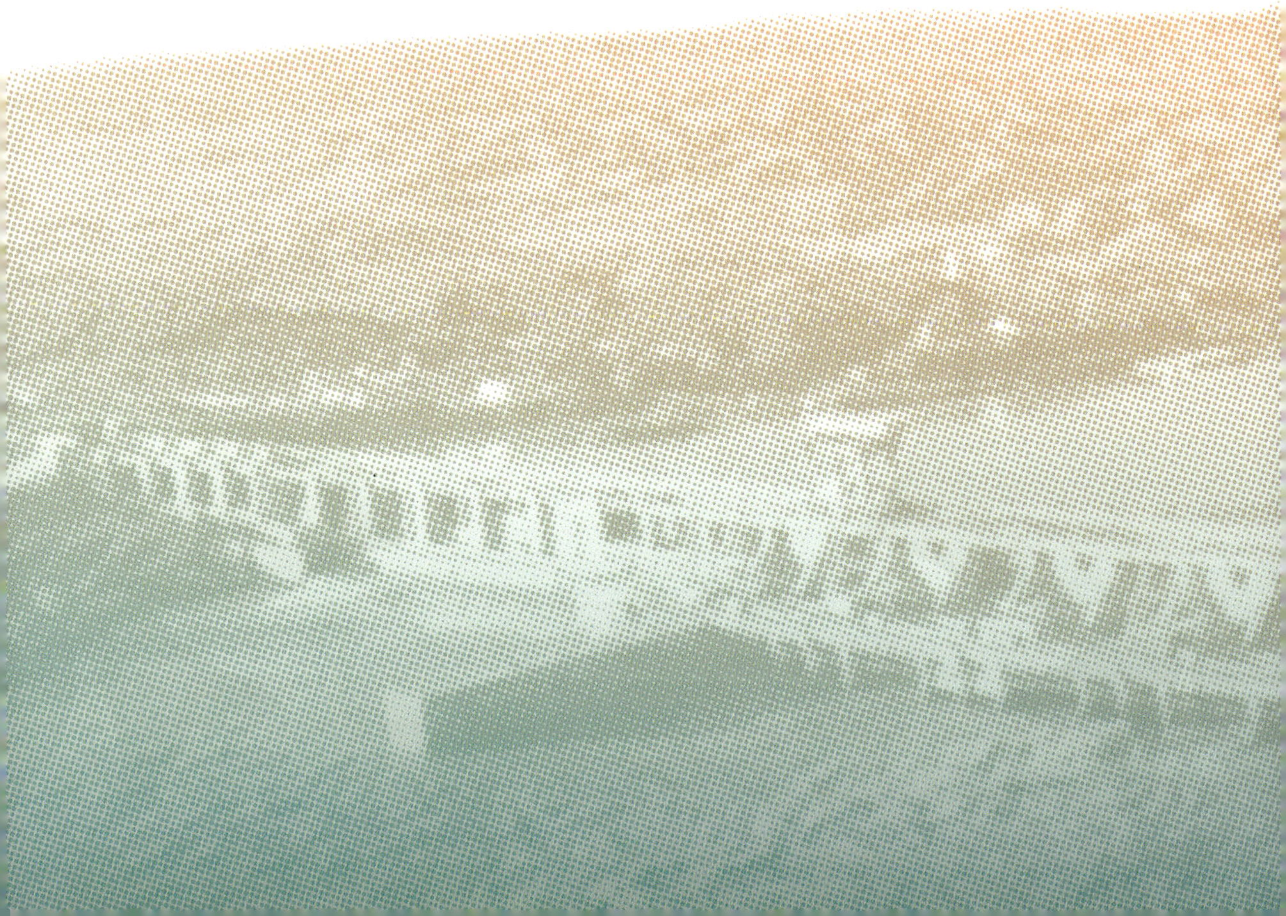

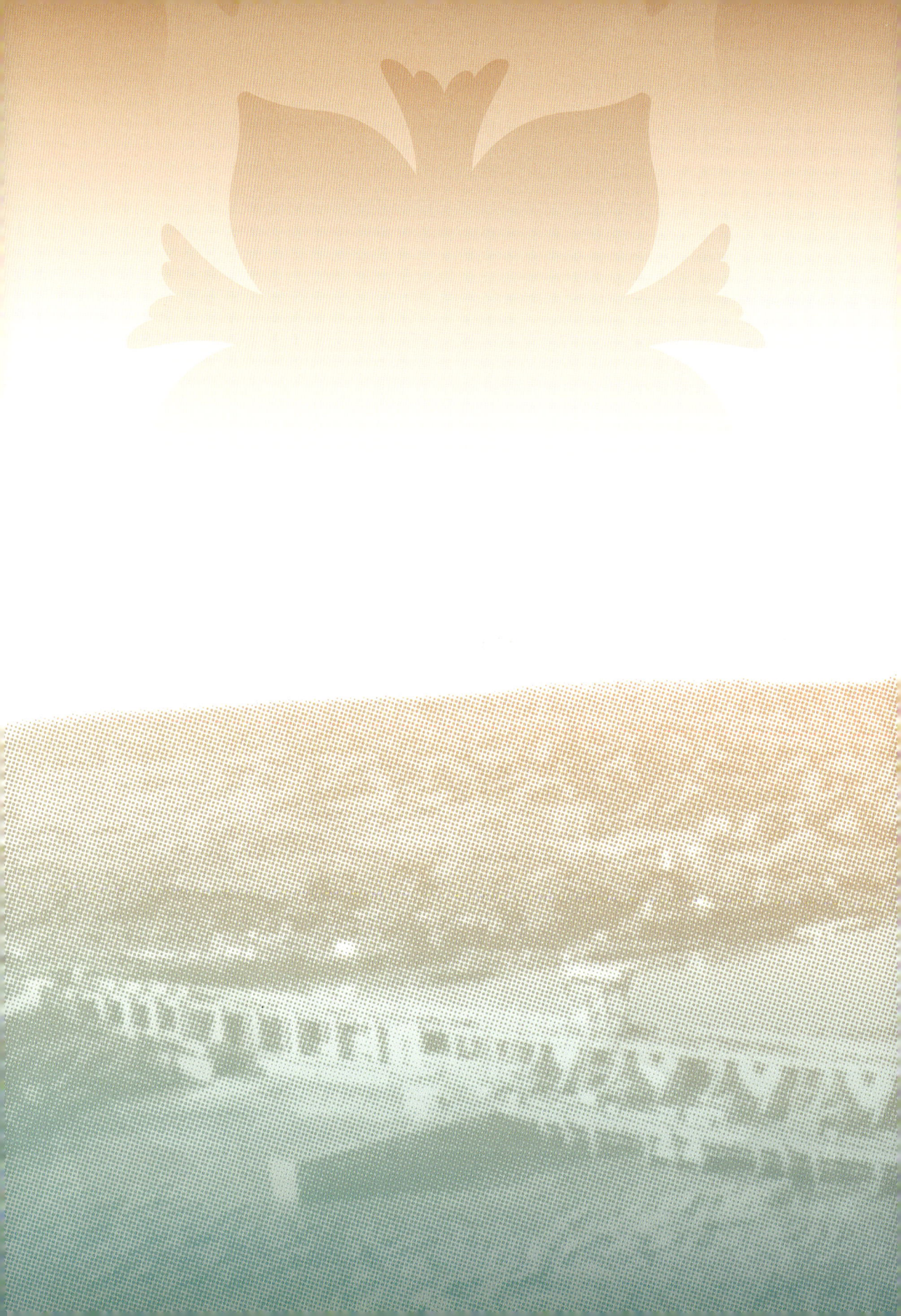

历史溯源

[秦汉富平
塞北江南
弘化公主和亲
灵州高会
明代吴忠]

吴忠历史沿革图

先秦
- 西周时，吴忠地区为朐衍戎地，至战国后期，又为匈奴所据

秦
- 秦始皇帝三十三年（公元前二一四年），在今吴忠市境内设富平县，隶属北地郡
- 蒙恬筑城屯垦，移民实边。秦朝先后筑城四十四座，其中在北地郡乌氏县设瓦亭关（今宁夏固原市西南）、朝那县设萧关（今宁夏固原市东南）、神泉障（今宁夏吴忠市青铜峡市）、浑怀障（今宁夏石嘴山市平罗县）

汉
- 西汉元鼎三年（公元前一一四年），析北地郡为北地、安定两郡，北地郡治设在马岭（今甘肃省庆阳市西北），治所于东汉年间迁至富平县（今宁夏吴忠市）
- 汉武帝时，在今吴忠市境内设北地属国（又称安定属国、三水属国），并在富平县神泉障设北地都尉，浑怀障设浑怀都尉
- 东汉元初五年（一一八年），北地、安定、上郡、陇西四郡内迁。北地郡迁至池阳（今陕西省咸阳市泾阳县西北），郡治富平县也随之搬迁
- 东汉永建四年（一二九年），四郡迁回原地

两晋、南北朝
- 西晋时，富平县迁至陕西怀德，改怀德为富平
- 北魏时，在今宁夏北部设薄骨律镇（治所在今吴忠市）
- 西魏时，灵州（今吴忠市）刺史曹泥归顺东魏，灵州被迁移至隰城（今山西省汾阳市），成为侨置灵州，原灵州辖地则为西魏控制
- 北周大成元年（五七九年），北周将俘获的吴明彻部众三万多人迁到灵州（今吴忠市）屯垦戍边

陶灯

陶狗

隋唐五代、宋

- 隋唐五代至宋初，吴忠均为灵州辖境
- 唐调露元年（六七九年），唐高宗在灵州南界设置"六胡州"（鲁、丽、塞、含、依、契），安置臣服的突厥部族
- 武则天时期，将内附党项族人大量安置在灵州
- 天宝十四载（七五五年），安禄山叛乱，太子李亨北上至灵州。次年李亨在朔方军支持下在灵州南门楼登基，改元至德。后以朔方军为主力，南下平定安史之乱
- 西夏攻占灵州后，改灵州为西平府，建为都城

民国

- 一九一三年，改宁灵厅为金积县
- 一九三六年，成立盐池县苏维埃政府和陕甘宁省豫海县回民自治政府

中华黄河鼎

元明清

- 元明时恢复为灵州
- 自明初起，黄河泛滥多次改道，灵州城被迫多次迁移
- 明代在宁夏屯兵七万，仅宁夏平原驻军的堡寨就有一百五十六个。明嘉靖六年（一五二七年），在红山堡和灵州城之间出现了吴忠堡。吴忠堡是以屯长吴忠之名命名的，并沿用至今
- 清同治十一年（一八七二年），置宁灵厅，治所在金积堡（今吴忠市利通区金积镇），隶宁夏府

中华黄河坛

中华人民共和国

- 一九四九年九月，吴忠全境解放，成立吴忠堡市，由宁夏省直辖；十一月改为吴忠镇，归灵武县管辖
- 一九五〇年十月，改为吴忠市，由宁夏省直辖
- 一九九八年五月，设立地级吴忠市，辖利通区、青铜峡市、灵武市、中宁县、盐池县、同心县
- 一九九九年一月，正式挂牌成立中共红寺堡开发区工委
- 二〇〇二年十月，灵武市划归银川市代管
- 二〇〇三年十二月，中卫县、中宁县划归新设立的地级中卫市
- 二〇〇九年十月，设红寺堡区

秦汉富平

吴忠的开发始于秦代。战国后期,包括宁夏在内的河套地区均为匈奴所占据。秦始皇帝三十二年(公元前215年),秦始皇派大将蒙恬率军30万"北逐匈奴",占据了今宁夏、内蒙古鄂尔多斯境内黄河以南的大片土地,这片土地史称"河南地"。次年,秦在今吴忠市设立了宁夏北部最早的县——富平县,隶属北地郡。这是吴忠被纳入秦朝版图之始。

蒙恬通过数年征伐,"却匈奴七百余里"后,驻守上郡(今陕西省榆林市),在黄河以东、阴山以南重要地区筑城屯垦,移民实边。秦朝先后筑城44座,其中在北地郡乌氏县设瓦亭关(今宁夏固原市西南),朝那县设萧关(今宁夏固原市东南)、神泉障(今宁夏吴忠市青铜峡市)、浑怀障(今宁夏石嘴山市平罗县),连接秦、燕、赵三国长城,迁徙三万户到河套地区。蒙恬还修筑了直通咸阳的"直道",吴忠地区也被纳入全国经济交通网络之中。

汉代,富平县是防御匈奴南下的重要前沿阵地。为加强边防,汉

关马湖汉墓出土的文物

（关马湖汉墓位于吴忠市利通区牛首山东北麓山坡地带，是宁夏回族自治区重点文物保护单位）

汉铜镜 　　　　　　　　彩绘陶楼 　　　　　　　　彩绘陶奁

朝在富平县神泉障设北地都尉，浑怀障设浑怀都尉，并在富平县西筑典农城，设典农都尉管理屯垦。西汉元狩二年（公元前121年），汉武帝在北地、朔方、陇西、上郡、云中设立了五个属国，"存其国号而属汉朝"，安置归附的匈奴部族。其中今吴忠市境内设有北地属国，又称安定属国、三水属国，治所在三水县（今吴忠市同心县下马关镇）。元鼎三年（公元前114年），析北地郡为北地、安定两郡，北地郡治设在马岭（今甘肃省庆阳市西北）。王莽曾改北地郡为威戎郡，改富平县为特武县，东汉初恢复旧称。

西汉末年，朝政衰败。安定郡三水县人卢芳冒充汉武帝曾孙刘文伯，乘势崛起。王莽篡汉时，卢芳打着恢复汉室旗号，号召三水地区属国举兵讨伐，占据了安定地区。东汉建武八年（公元32年），汉将冯异击败卢芳部将，收复安定、北地。

东汉时，北地郡治所迁至富平县（今宁夏吴忠市）。永初元年（107年），东汉撤西域都护，征发沿途羌人护送回撤田卒，从而引发羌人第一次大起义。元初四年（117年）冬，汉将任尚、马贤在富平大破先零羌雕狼莫部。元初五年（118年），东汉将北地、安定、上郡、陇西四郡内迁。北地郡迁至池阳（今陕西省咸阳市泾阳县西北），郡治富平县也随之搬迁。直到永建四年（129年），朝廷采纳尚书仆射虞诩建议，才将四郡迁回原地。第二年，汉顺帝就到富平巡视。永和四年（139年），第二次羌人起义爆发。前来镇压的东汉大将马贤战死，北地郡郡守无力守城，富平县被迫迁往冯翊（今陕西省渭南市

大荔县)。延熹二年(159年),规模更大的第三次羌人起义爆发。起义遍及北地郡,旁涉凉州(今甘肃省武威市)、并州(治所在今山西省太原市西南)、三辅(关中地区)地区。中平十五年(185年),富平县准备迁回宁夏吴忠故地,至彭原(今甘肃省庆阳市)时因动乱而终止。

西晋时,富平县自彭原迁至陕西怀德,改怀德为富平,此名沿用至今。

秦渠(吴忠市区段)

塞北江南

"天下黄河富宁夏"。秦汉时期，宁夏平原屯垦产粮不仅能满足当地需要，还可向外输出，被誉为"天下粮仓"。南北朝时期，宁夏平原的经济、文化均得到了长足发展，开始有"塞北江南"的美誉。

北魏时，设薄骨律镇（治今宁夏吴忠市利通区）。北魏太平真君五年（444年），刁雍（390—484年）任薄骨律镇镇将。刁雍上任后，不仅修复、疏浚了秦渠、汉延渠、光禄渠等前代水利设施，还主持开凿了艾山渠。宁夏灌溉农业得到迅猛发展，产出的粮食多到需要新建一座"仓城"来储存。

艾山，也叫峡口山、青山，即今吴忠市南牛首山。山北黄河在这里分为东西两支。刁雍在汉武帝时所修高渠以北8里，分河上下5里，凿出一道宽15步、深5丈、高1丈、长40里的新渠与旧渠相连。为使新渠水量充足，他在黄河支流西河中由东南向西北斜筑一道长270步、宽10步、高2丈的拦河坝，截断水流，使之全部流入艾山新渠。艾山渠仅用60天便凿成，全长130里，灌溉农田4万余顷。艾山渠的兴修，

黄河湿地

在宁夏开发史和水利发展史上都具有重要作用。艾山渠在唐代依然发挥作用，直到西夏时才被废弃。

刁雍任薄骨律镇镇将时还总结出"节水灌溉法"（即每旬灌水一次，灌水四遍，庄稼成熟），使吴忠地区水利事业兴旺，灌溉农业发达，迅速成为"官课常充，民亦丰赡"的天下粮仓。北魏太平真君七年（446年），刁雍首创大规模黄河水运，将50万斛粮食用木船通过黄河运往沃野镇（今内蒙古乌拉特前旗东北）充当军粮。

北周建德五年（576年），北周灭北齐。南朝陈宣帝借机派大将吴明彻率军攻击北周，但兵败被俘。北周大成元年（579年），北周将俘获的吴明彻部众3万多人迁到灵州（今宁夏吴忠市）屯垦戍边。这些人多为江南人，他们把江南的生产技术和尚礼好学的文化习俗也带到吴忠，由此改变了当地过去的羌戎旧俗，使之"彬彬然，有江左之风"，吴忠被时人称为"塞上江南"。后来，唐代诗人韦蟾的《送卢潘尚书之灵武》中的名句"贺兰山下果园成，塞北江南旧有名"，所指即为今吴忠地区。

弘化公主和亲

在中国历史上，中央王朝的一些统治者采取了与边疆少数民族政权和亲的政策，虽然和亲的性质和目的不尽相同，但都在一定程度上加强了各民族的融合。其中最著名的当数唐文成公主与吐蕃松赞干布的联姻，其次是唐弘化公主与吐谷浑慕容诺曷钵的联姻。

吐谷浑政权在隋大业五年（609年）被隋炀帝打败后，可汗伏允逃到党项。大业末年，中原大乱，群雄割据，伏允趁机尽复故地，重建政权。唐朝建立之初，伏允一面遣使与唐朝通好，一面又不断攻掠唐朝边境，唐沿边诸州深受其害。直到唐贞观九年（635年），太宗击败北方强敌突厥，安定了国内形势后，才派遣李靖为西海道行军大总管，率各路大军进攻吐谷浑。伏允被部下所杀，他的儿子慕容顺投降。太宗封慕容顺为可汗，复其国。但慕容顺立国仅10日，就被部下所杀，吐谷浑国内大乱。唐太宗派军队安定吐谷浑的局势后，又立慕容顺的儿子慕容诺曷钵为可汗，当时他只有10多岁。从此，吐谷浑成为唐朝保护下的属国，诺曷钵在国内颁行唐历，奉唐年号，与唐朝的关系日益紧密。贞观十年（636年），诺曷钵到长安觐见唐太宗，并向其请婚，唐太宗答应了他的请求。贞观十三年（639年），诺曷钵到长安迎娶公主，唐太宗将一位宗室女册封为弘化公主嫁于诺曷钵。贞观十四年（640年），唐太宗派左骁卫将军、淮阳王李道明护送弘化公主至吐谷浑。弘化公主是唐朝第一位嫁于吐谷浑王室的公主，虽然她只是李氏宗室女，但太宗对她疼爱有加，怜惜她远嫁异乡，赐给她许多嫁妆。

永徽二年（651年），离开长安已12年的弘化公主请求回朝省亲，得到高宗的同意，高宗派左骁卫将军鲜于国济去迎接公主。同年十一月，弘化公主与诺曷钵一同抵达长安。由于弘化公主是唐朝远嫁边疆少数民族地区的第一位公主，唐高宗对她礼遇有加。她与诺曷钵为其长子慕容忠向高宗请求赐婚，高宗便将会稽郡王李道思的第三个女儿封为金城县主，许给了慕容忠。吐谷浑和唐朝的关系更加密切。

龙朔三年（663年），吐蕃吞并吐谷浑后，诺曷钵及弘化公主率数千帐属民逃至唐朝的凉州（今甘肃武威）避难。唐朝虽支持诺曷钵重返故地，但唐军在咸亨元年（670年）的大非川之战中惨败，诺曷钵复国的希望随之彻底破灭。此后，唐高宗先是将诺曷钵和弘化公主安置在鄯州浩门河一带，因其地近吐蕃，后又将他们迁到了灵州，在灵州境内设安乐州（治所在今同心县韦州境内），封诺曷钵为刺史。武后时，赐弘化公主武姓，改封她为西平大长公主。圣历元年（698年），弘化公主去世，被葬在今甘肃武威南30千米处的青嘴喇嘛湾。

弘化公主作为友好使者往来于唐与吐谷浑之间，促进了唐与吐谷浑的友好关系，丰富了唐与吐谷浑的物质文化交流，完成了自己的光荣使命。弘化公主在吐谷浑生活了半个多世纪，为祖国统一、民族团结作出了重要贡献。

灵州高会

自汉代以来，今吴忠地区一直为西北重镇。北魏时属薄骨律镇。西魏时，灵州（治今吴忠市）刺史曹泥归顺东魏，灵州被迁移至隰城（今山西省汾阳市），成为侨置灵州，原灵州辖地则为西魏控制。隋唐五代至宋初，吴忠一带都为灵州辖境。

唐代，灵州为天下重镇。隋唐两代均将这里作为抵御、攻击突厥的前沿据点，长期驻有重兵。"士马强盛，甲于诸镇。"唐武德五年（622年），宗室李道宗被任命为灵州总管。

贞观二十年（646年），唐灭薛延陀，唐太宗在灵州接受回纥、铁勒等11个西北游牧民族的臣服，被尊称为"天可汗"，史称"灵州高会"。唐太宗写诗"雪耻酬百王，除凶报千古"，并勒石记之。为安置内附的回纥诸部，唐太宗初设六府七州，后又设九府十八州，其中，在灵州境内的有燕然州、东皋兰州、鸡田州、鸡鹿州、烛龙州五州。调露元年（679年），在灵州南境设鲁州、丽州、塞州、含州、依州、契州，合称"六胡州"，以安置臣服的突厥部族。武则天时期，将内附党项族人大量安置在灵州。

此外,唐代十大节度使之一的朔方节度使治所即在灵州。灵州不仅是军事重镇,还是天下粮仓,"积谷数百万"。天宝十四载(755年),安禄山叛乱,唐玄宗出逃四川,太子李亨北上至灵州。天宝十五载(756年),李亨在朔方军支持下在灵州南门楼登基,改元至德,升灵州都督府为灵州大都督府。随后以朔方军为主力,召集天下军马南下平定了安史之乱。

自秦汉以来,吴忠一直是连接中原与西北的交通枢纽。唐宋时期,吴忠逐渐成为丝绸之路上的重要节点和西北各族茶马贸易的中心。安史之乱以后,因吐蕃控制了整个西北,从长安(今陕西省西安市)通向敦煌的南北两路都受到阻隔。丝绸之路东段在宁夏境内不再经原州(今固原市原州区)往西,而是从长安北上邠州(今陕西省彬州市)、庆州(今甘肃省庆阳市)、环州(今甘肃省庆阳市环县)到灵州,再从吴忠市青铜峡渡过黄河,经中卫到凉州(今甘肃省武威市),或者经过银川,向西翻越贺兰山,从今内蒙古阿拉善左旗境内到达凉州或肃州(今甘肃省酒泉市)。此时的灵州,成为通向河西、漠北的交通枢纽。

自2003年3月起,宁夏文物考古研究所等单位在吴忠市区进行了为期一年多的唐代墓葬的清理发掘工作,清理发掘墓葬120余座。其中,2003年5月,在吴忠市区绿地园社区一座唐代墓葬中出土了一方唐太和四年(830年)的"大唐故东平郡吕氏夫人墓志",该墓志上的铭文明确记载吕氏夫人"终于灵州私第",并于同年十月葬于回乐县的东原。回乐县为唐代灵州所辖五县之一,也是灵州的治所。该墓志的发现,具体指明唐代灵州城址当在今吴忠市区绿地园以西的古城街道。灵州城址虽后遭水灾崩陷而不复存在,但其具体位置当可由此确定。

唐诗里的灵州

使至塞上　王维

单车欲问边，属国过居延。
征蓬出汉塞，归雁入胡天。
大漠孤烟直，长河落日圆。
萧关逢候骑，都护在燕然。

送卢潘尚书之灵武　韦蟾

贺兰山下果园成，塞北江南旧有名。
水木万家朱户暗，弓刀千队铁衣鸣。
心源落落堪为将，胆气堂堂合用兵。
却使六番诸子弟，马前不信是书生。

送灵州李判官　杜甫

犬戎腥四海，回首一茫茫。
血战乾坤赤，氛迷日月黄。
将军专策略，幕府盛材良。
近贺中兴主，神兵动朔方。

惜别行，送向卿进奉端午御衣之上都
杜甫

肃宗昔在灵武城，指挥猛将收咸京。
向公泣血洒行殿，佐佑卿相乾坤平。
逆胡冥寞随烟烬，卿家兄弟功名震。
麒麟图画鸿雁行，紫极出入黄金印。
尚书勋业超千古，雄镇荆州继吾祖。
裁缝云雾成御衣，拜跪题封向端午。
向卿将命寸心赤，青山落日江潮白。
卿到朝廷说老翁，漂零已是沧浪客。

夜上受降城闻笛
李益

回乐峰前沙似雪，受降城外月如霜。
不知何处吹芦管，一夜征人尽望乡。

闻北虏入灵州二首（其一）
李频

河冰一夜合，虏骑入灵州。
岁岁征兵去，难防塞草秋。
见说灵州战，沙中血未干。
将军日告急，走马向长安。

送邹明府游灵武
贾岛

曾宰西畿县，三年马不肥。
债多平剑与，官满载书归。
边雪藏行径，林风透卧衣。
灵州听晓角，客馆未开扉。

明代吴忠

"吴忠"一词始于明代，本是堡寨屯长吴忠的名字。明代宁夏堡寨均以人名作为地名，吴忠任屯长的堡寨即名为吴忠堡，"吴忠"这个地名便沿用至今。

朱元璋推翻元朝、创建明朝之初，宁夏及以北地区的残元势力还比较强大，明朝一时尚无力平定。出于军事上的考虑，明廷将原居于宁夏的居民全部迁至陕西。明庆靖王朱㮵所修《宁夏志》"沿革"篇载："洪武五年（1372年），诏弃其地，徙其民于陕西。"后来明朝消灭了残元势力，又将内地人口迁来宁夏开垦，修筑了许多堡寨供移民居住。

自明初起，黄河因泛滥而多次改道，灵州城被迫多次迁移。据《明实录》记载，洪武十六年（1383年），灵州城墙即因黄河水冲激而崩圮，灵州城被迫向北迁移10里，"置灵州河口守御千户所"。清傅泽洪《行水金鉴》载："(宣德)二年十一月庚戌，宁夏总兵官、宁阳侯陈懋奏：'灵州千户所城垣旧距黄河三里，今河水冲激，切近城下，恐致崩陷，难于守御。城东有地高爽宽平，请徙城于彼。'上命行在工部遣官复视，果

盐池高平堡古城

当徙，俟来春用工。"于是，新的灵州城就迁建于故灵州城东南，即今灵武市境内。

新的灵州城虽已迁建，旧灵州城的战略地位仍然十分重要。弘治初年，驻节固原的陕西三边总制秦纮实地考察盐池、灵州一带时，看到从固原以北到宁夏镇（今宁夏银川市），"延袤千里，闲田数十万顷"，旷野平川，无城堡可守，很容易成为"入寇总路"，于是提议"于花马池以西至小盐池二百里，每二十里筑一堡，堡周四十八丈，役军五百人"，以拒外来之敌。至嘉靖年间，这一战略部署才告完成。

据《明会典》记载，明代在宁夏屯兵7万，仅宁夏平原驻军的堡寨就有156个。在明代，每个堡寨居住百十来户人家，由一个官吏来管理，因此屯长也被称为百户长。建屯的目的，是加强对屯军军户的组织管理。明代时，戍边屯田遍及整个北部边界沿线，在九边重镇遍地开花，但"城堡"的修筑最先在宁夏试行。宁夏平原屯堡的修筑，始于永乐二年（1404年），其建筑样式有大小之分。《明太宗实录》载："每小屯五七所或四五所，择近便地筑一大堡，环以土城，高七八尺或一二丈，城八门，周以壕堑，阔一丈或四五尺，深与阔等，聚各屯粮刍于内。其小屯量存逐日所用粮食。有警即人畜尽入大堡，并力固守。"

宁夏的城堡最开始有邵刚堡、叶升堡、广武城、玉泉营城、平房城、惠安堡、清水营城、兴武营城、横城堡、红山堡等，到中期有李俊

博物馆里的旧时吴忠堡街景复原图

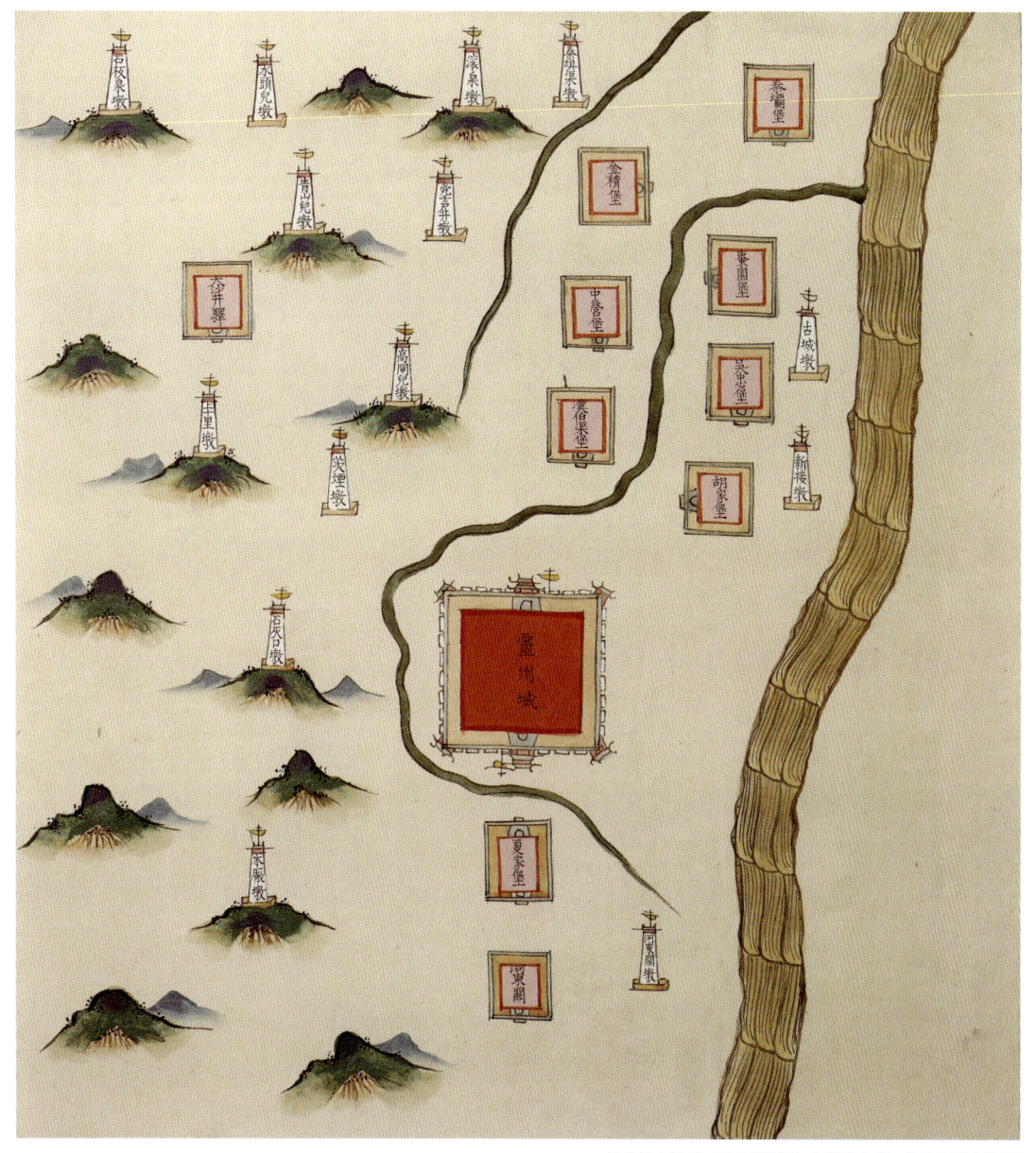

明嘉靖《宁夏镇战守图略》之灵州城图

堡、曾刚堡等,到了嘉靖六年(1527年),红山堡和灵州城的联系更加紧密,在红山堡和灵州城之间出现了吴忠堡。

据《明史·宁正传》记载:"宁夏堡寨,以人名命地名……限以其屯长姓名命堡。"吴忠堡,便是以屯长吴忠的名字命名的。

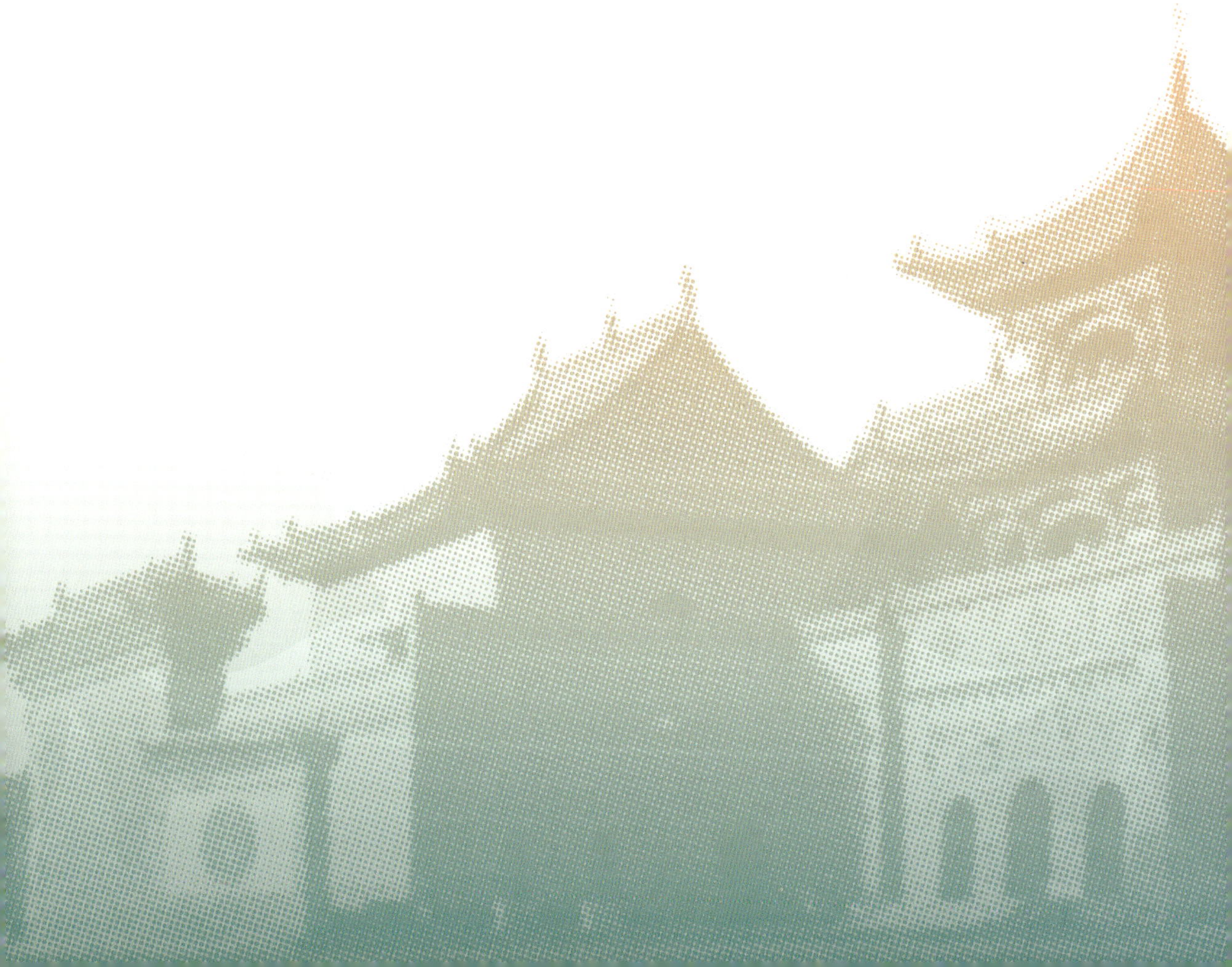

红色吴忠

盐池红色政权
豫海回民自治
同心县红军西征纪念馆
边区革命建设
革命烈士纪念园

盐池红色政权

盐池县位于陕西、甘肃、宁夏、内蒙古四省区交界处，东临陕西省定边县，南靠甘肃省环县，北接内蒙古自治区鄂托克前旗，西连灵武市、同心县，战略地位极为重要。作为陕甘宁革命根据地和边区的西北门户，盐池县是宁夏唯一经历过红军长征、抗日战争、解放战争的革命老区，具有十分重要的历史地位。

1936年5月，红军东征胜利回师陕北后，为打退蒋介石军队对陕甘苏区的围攻，巩固和扩大革命根据地，迎接红二、红四方面军北上，实现三大主力红军会师，并争取东北军、西北军停止内战、团结抗日，党中央决定组建西方野战军，向国民党统治薄弱的陕甘宁边界地区进攻，进行西征。次月，西方野战军政治部主任刘晓在陕甘宁省委所在地河连湾提前公布了中共盐池县委组成人员名单：县委书记惠庆祺，组织部部长王敬民，宣传部部长王作元，保卫部部长曹广英，军事部部长白鸿德，少共书记贺玉山等。中共盐池县委直属陕甘宁省委领导，是保卫边区政府、保障西征后勤的坚固堡垒。

盐池革命烈士纪念园"红色政权"展览单元

　　1936年6月21日,西征红军解放盐池县城,盐池县苏维埃政府正式建立,这是宁夏第一个县级红色政权。7月初,惠庆祺带领分配到盐池工作的20多名干部,经黑城岔、羊圈山、定边县城抵达盐池接管工作。盐池县苏维埃政府主席为袁兆瑞(1936年年底由马全接任),副主席为张常山,财政经济部长为王瑞祥,土地部长为余成河,贫农部长为赵二(名不详),粮食部长为聂秉正,武装部长为牛占彪,肃反委员会主任为冯理发匠(名不详)。为巩固革命政权,县委组织武装工作队深入乡村宣传党和红军的政策,发动群众打土豪分田地,先后建立了全县区、乡、村党组织和苏维埃政权。随着县委工作的逐步展开，全县共建立26个党支部，培养了90名积极分子，成立了工会、商会、团委、妇联、统战部等党群组织，配备了工作干部。

1936年11月下旬，红军三个方面军在通过联合作战取得山城堡战役重大胜利后，撤至陕甘宁三省交界地带的山区休整。据《彭德怀自述》记载，时任红军前敌总指挥的彭德怀和政委任弼时驻扎在盐、定交界处的梢沟塬村。国民党的封锁政策为边区政府带来了严重的经济困难，毛泽东电示李维汉、董必武在定边成立"筹粮委员会"，负责在盐池、定边两县开展筹粮工作。珍藏于宁夏博物馆的一张《借粮证》就是"筹粮委员会"向盐池县南区三乡农民白天义借谷子二斗五升的证明，证明上"为着抗日战争胜利，保证抗日红军给养，征求爱国人民自愿地借粮给苏维埃，以便充分供给抗日红军，这是每个不愿当亡国奴的人民的光荣义务！"的文字充分展示了盐池人民拥军支前的政治热情。此外，盐池农民张世英保存的证明其祖辈借粮给红军的《借粮证》，也是盐池人民积极支持抗日的历史见证。

中共盐池县委成立后，积极建立基层革命政权，发展武装力量，保卫新生政权；进行土地改革，发展农牧业生产；筹办合作社，发展经济贸易；保护工商业，整顿税务工作；破除封建迷信，发展文化教育。抗战爆发后，根据中共中央指示，盐池县委实行减租减息政策，号召各阶层人士有钱出钱、有力出力、有人出人、有枪出枪，以实际行动参加抗日救亡运动，极大地调动了群众的积极性，有力支援了边区经济建设。盐池人民为巩固新生的红色政权，不但发展武装力量肃清匪患，而且有上千名优秀儿女踊跃参军参战，先后奔赴抗日前线，广大群众更是积极开展大生产运动支援前线，留下了许多感人至深的红色故事。

盐池县革命根据地示意图

革命根据地演变时间及原因
1936年6月21日，西征红军解放了盐池，建立了苏维埃政权
1947年3月24日，卢忠良部进犯盐池，盐池失陷
1949年8月8日，人民解放军收复了盐池

1936年6月—8月，红军西征时曾一度建立过红色政权的地区。1936年9月—1949年8月，为国民党占领区

1936年6月—1947年3月，中共盐池县委县政府所在地。1947年4月，国民党盐池县政府从惠安堡迁于此；人民解放军于1947年7月7日曾一度收复盐池，8月12日又被国民党军队攻陷

1947年3月24日，盐池失陷后，中国共产党盐池县委所在地

1936年8月至1947年3月，国民党盐池县政府所在地

1936年6月—1947年3月，建立红色政权的地区。盐池失陷后转为广大游击区

1936年6月—1949年8月，始终未被敌人侵占的解放区

地名：磁窑堡、余庄子、高沙窝（第二区）、张家庙、曾家畔（第三区）、盐池县（第一区）、马家滩、芨芨井、井沟、雷记沟（第四区）、盐积堡、马儿庄、尚家圈、于家梁、红井子（第五区）、惠安堡、贺坊、李家大庄、王庄匡、郭家洼、麻黄山、李塬畔、甜水堡

图例：
◎ 国民党盐池县政府
★ 解放区各区政府
1936年6至8月革命根据地范围
1936年9月至1947年3月革命根据地范围
1947年4月至1949年8月革命根据地范围

豫海回民自治

豫旺古城位于同心县城东南 72 千米的预旺镇,因地处两省三县交会处而成为兵家能攻、善守、长驱、易退之要地。元代受封于此的豫王曾命人在此筑城,时称"豫王城",后来逐渐演变为"豫旺城"或"豫旺堡"。红军西征宁夏期间,作战总指挥部就设在豫旺堡,豫海县回民自治政府亦成立于此,开创了中国民族区域自治之先河。

中国共产党自成立之日起,就高度重视民族问题、民族工作,将其作为工作重要环节提上议事日程。中国共产党在领导各族人民进行革命斗争的过程中,经过长期探索和反复实践,逐步酝酿出符合中国国情和国内民族特点的民族政策,在少数民族聚居区实行民族区域自治就是其重要成果。豫海县回民自治政府作为这一伟大历史创造的见证者,其成立充分彰显了中国共产党解决民族问题的高超艺术。

红军西征进入宁夏后,红一方面军总政治部发出《关于回民工作的指示》,这是一部针对民族地区民族关系的具有深远历史意义的重要文件,为豫海县回民自治政府的成立奠定了基础。为切实尊重和维护沿途回族群众的生活习惯和民族风俗，红军颁布了对回民工作的"三大禁条"和"四项注意"，即规定禁止驻扎清真寺、吃大荤和损毁回族文献经典，提出讲究清洁、尊重回民风俗习惯、不准乱用回民的器具、注意回汉两大民族团结的方针。在此基础上制定了《回民工作守则》，提出"在民族平等的原则上，回民自己管理自己的事情，建立回民自治政府"，这一口号得到广大回族群众的衷心拥护。

1936年10月20日，我国第一个县级回族区域自治政权——豫海县回民自治政府在同心县清真大寺宣告成立，这标志着回族人民在政治上获得了解放，开始自行管理本民族事务，实现了真正的自由民主。1936年10月28日，《红色中华》对豫海县回民自治政府作了这样的报道："这是回民政府的第一次，是回民解放的先声。"豫海县回民自治政府的成立让中国共产党和红军的政治主张深入回族人民的心中，在回族聚居地区播下了革命火种，促进了回族解放运动的发展，坚定了回族人民紧密团结其他各族人民共同接受中国共产党领导的信心。回族人民认识到，只有中国共产党才是回族和其他少数民族唯一的救星，只有跟着中国共产党走，才能彻底推翻国民党反动派的黑暗统治，求得民族的真正解放，实现真正的民族平等，过上自由幸福的生活。

在豫海县回民自治政府成立大会上，讨论通过了《陕甘宁省豫海县回民自治政府条例》《减租减息条例》和《土地条例》等决议，保护了当地回族群众的合法利益和正当需求。通过民主选举，产生了豫海县回民自治政府的领导成员，马和福（回族）当选为自治政府主席，李德才（回族）当选为副主席。政府机关下设军事部、土地部、没收委员会、保卫部。马青年（回族，红军代表）任军事部长，李振华（回族）为文化宣传委员，周生录（回族）为粮食没收委员，杨金朝（回族）为保卫委员，白尚才

（回族）为财政委员。大会同时决定，政府从成立之日起启用新的政府印章，标志回汉群众团结一致、共同在中国共产党带领下通过革命实现民族解放和国家新生。

豫海县回民自治政府成立后锻炼和培养了一批回族干部，为中国共产党和红军在少数民族地区顺利开展革命工作、广泛宣传党的民族政策起到了积极的作用。在马和福和李德才等回族干部的带领下，自治政府积极实行减租减息政策，积极发展生产，在保证红军物资给养的同时，输送了大批优秀回族青年参加革命。1936年10月25日，自治政府主席马和福签署布告，号召组织回民解放会，宣传红军抗日救国主张。为了保卫新生的自治政权，豫海县回民自治政府及各区级政府都组建了回民武装团体。由马和福兼任队长的回族自治政府直属武

陕甘宁省豫海县回民自治政府成立旧址

装队就是一支重要力量，武装队曾多次击退反动民团，帮助红军警戒，刺探军情。马青年任队长的江湖抗日游击队也是这样一支活跃在抗日战场的民众武装，他们积极推动抗日统一战线的发展，有力地牵制了敌人。同时"抗日救国江湖委员会""回民解放委员会"和"同心抗日后援委员会"等群众组织也积极参与抗日，在中国共产党的领导下开展斗争。

豫海县回民自治政府的成立，是中国共产党早期运用民族区域自治政策和制度解决国内民族问题的一次伟大实践。豫海县回民自治政府实行民主集中制，主要领导人从实行自治的公民中通过选举产生，这在中国共产党民族理论和民族自治政策的发展史上占有重要地位，是中国共产党早期民族区域自治制度的雏形。

同心县红军西征纪念馆

　　一面绣着五角星的红旗迎风招展，旗杆白布套上写着一列"中国工农红军抗日先锋队"的楷书，一名红军号手面对红旗、迎着朝阳吹响了冲锋的军号。这幅名为《抗战之声》的珍贵照片是埃德加·斯诺在宁夏同心豫旺堡这座中国西北小镇拍摄的，也是斯诺的经典著作《红星照耀中国》（即《西行漫记》）的封面照片。

　　1936年8月16日中午，豫旺堡迎来了中国人民的朋友——美国著名记者埃德加·斯诺和杰出的国际主义战士乔治·海德姆。《西行漫记》中的部分素材就源于斯诺在这里的见闻。斯诺的同伴乔治·海德姆也是在这里参加红军的，并改名为马海德。

　　2006年10月，同心县人民为纪念红军长征胜利暨陕甘宁省豫海县回民自治政府成立70周年，建成了同心县红军西征纪念馆，这是国内唯一一家以红军西征为主题的纪念场所，馆名由刘华清上将亲笔题写。该纪念馆总建筑面积为2589平方米，总建筑高度为10.15米，展陈面积为1200平方米。

同心县红军西征纪念馆充分发挥主阵地作用，年均免费接待自治区内外党政机关、企事业单位、社会团体及游客约 20 万人次。吴忠市利用重大活动、重大纪念日等时机，持续加强对党员干部的党性教育，并在此组织开展参观学习、入党入团入队仪式等活动。在这里，广大党员、干部、群众传承红色基因，继承和发扬革命先辈的崇高精神，并将其转化为奋勇前进的精神力量，走好新时代的长征路。

同心县红军西征纪念馆雕塑

边区革命建设

　　盐池县是陕甘宁边区的重要组成部分，咸盐、皮毛、甜甘草是盐池县的三大土产品，它们与这里盛产的煤炭、石膏、砂、硝等共同构成了盐池县政府的经济支柱。勤劳朴实的盐池人民在中国共产党的领导下，自力更生、艰苦奋斗、勇于奉献、不怕牺牲，他们一方面英勇抗击日寇，奋勇歼灭顽敌；一方面积极开展大生产运动，为前线提供物力、财力支持。

　　为了巩固边区建设，发展边区经济，1936年7月，中华苏维埃共和国临时中央政府驻西北办事处的国民经济部部长毛泽民亲自到盐池检查指导工作，指示要大力宣传党的经济政策，筹办合作社，积极发展经济贸易，并帮助当地创办了盐池县第一个合作社——城区消费合作社。同年10月，盐池县成立了税务局，确定了应征税目和各项税率，防止乱征滥罚，做到了公平合理，进一步促进了经济贸易的繁荣发展。但1937年后，国民党对解放区进行经济封锁，把解放区军民逼到几乎没有衣穿、没有油和菜吃、没有纸用的生死边缘。

陕甘宁边区的三边分区以产盐闻名，是当时国内的主要盐产区。1937年8月，为发展边区经济和改善群众生活，中央国民经济部发出"大家到盐池驮盐去"的号召。

1940年，盐池县政府为促进产盐、运盐业的恢复与发展，确定了"以军队生产为主，盐民产盐为辅"的方针。广大部队指战员积极响应党和政府的号召，组织人力打盐井、筑盐坝、辟盐田，大量开发盐池县食盐资源。据统计，三边分区1939年产盐19万驮（每驮平均200斤左右），1940年产盐23万驮，1941年产盐29.9万驮，1943年产盐38.8万驮。

1942年，盐池县政府将产盐方针调整为"盐民产盐为主，部队产盐为辅"，积极动员农民、机关、部队、学校组织工作队下湖打盐，将所产的盐通过毛驴、骆驼等畜力运往陕北、延安、庆阳、关中、绥远等地，换回边区急需的各种物资。盐池县食盐的生产、运输和贸易，对打

盐池县的盐业开采

破国民党反动派对陕甘宁边区政府的经济封锁、活跃边区经济贸易、改善边区广大军民的生活作出了重大贡献。随后，盐池县以其重要的战略地位和经济地位，成为陕甘宁边区的门户前哨和经济支柱。

除了盐业生产，边区军民积极响应党中央和毛泽东主席提出的"自己动手，丰衣足食"的号召，公营纺织、合作纺织和民间纺织均蓬勃开展起来。盐池县纺织业主要有两种形式，一是依托元华工厂帮助各区发展小型纺织业，二是组织动员广大家庭开展手工纺织。中共盐池县委、县政府作出开展纺织生产的决定后，党政军干部首先带头并动员干

陕甘宁边区时期中药材加工场景

部家属参加纺织。为鼓励群众进行家庭纺织，区、乡政府积极协调解决家庭纺织的具体困难，采取贷款、先支工钱后纺织等措施调动广大妇女的积极性。在开展纺织生产的同时，皮坊、毡坊、铁坊、木坊等手工作坊也蓬勃发展起来，盐池的棉线与棉布产量迅速增加。

1942年的大生产运动后，盐池通过开荒种地、创办合作社、打盐运盐和发展手工纺织业四方面工作，村经济和农牧业生产得到稳定发展，基本实现了"自己动手，丰衣足食"的目标，人民生活大为改善，并且有力支援了前线抗战。

红军七十八师攻克盐池县城遗址

革命烈士纪念园

涝河桥烈士陵园

涝河桥烈士陵园位于吴忠市利通区上桥镇涝河桥村,是为纪念在涝河桥战斗中牺牲的135名革命烈士修建的。

1949年9月初,中国人民解放军十九兵团10万大军奉命挥戈北上,在司令员杨得志、政委李志民的率领下分三路向宁夏挺进,第六十四军第一九二师奉命解放吴忠堡(今吴忠市)。

涝河桥是位于吴忠堡东南4千米处清水沟上的一座木桥,为吴忠堡东南门户,当时这里由马鸿逵部保安第三师第七团一个装备精良的加强连防守。敌守军于距离桥300米处修筑以高碉堡为中心的碉堡群,并烧毁涝河桥,堵塞清水沟下游出水口,以碉堡群为障,形成宽8米、深3米的工事壕沟。

为切断敌守军逃路和歼灭吴忠堡之敌,解放军第一九二师主力于1949年9月20日傍晚逼近吴忠堡。第五七五团扫清了清水沟南岸敌人诸据点后,吴忠堡守敌慑于被歼,派保安第三师参谋处处长前来"谈判",

涝河桥烈士陵园

企图拖延时间加修工事负隅顽抗。解放军识破了敌人的阴谋，一面与敌人谈判，一面积极进行战斗准备。1949年9月21日3时许，吴忠堡守敌拒绝投降，谈判破裂。4时许，解放军第三连奉命在火力掩护下实施架桥。经过4次强架人工桥，终于在上午6时许架通便桥。经过两小时激战，解放军第三连占领了清水沟北岸，为全力歼灭吴忠堡之敌创造了有利条件。

为纪念解放吴忠堡及在涝河桥战斗中牺牲的135名革命烈士，1951年，吴忠县人民政府在涝河桥附近修建了革命烈士陵园，并于1969年、1986年、1999年、2009年对陵园进行了整修扩建。园内现有门楼、陈列馆、纪念碑、纪念馆、纪念广场等，陵园纪念馆内陈列着在抗美援朝、剿匪平叛中光荣牺牲以及为保卫国家和人民生命财产而牺牲的利通区籍烈士遗像和生平简介。2005年，涝河桥烈士陵园被命名为宁夏回族自治区爱国主义教育基地。2009年3月,涝河桥烈士陵园被列为第五批全国重点烈士纪念建筑物保护单位。

余家桥烈士陵园

余家桥烈士陵园位于吴忠市青铜峡市余桥村,占地面积为34660平方米,建筑面积为10499平方米,墓区面积为1142平方米,是全

余家桥烈士陵园烈士纪念碑

国爱国主义教育基地。

余家桥烈士陵园始建于1949年10月，最初是为纪念在余家桥战役中牺牲的47名解放军指战员修建的。后来，为保卫人民生命安全及国家财产安全而献身的80名烈士及在青铜峡社会主义革命和建设时期牺牲的72名烈士也陆续被安葬在此，至今共有119名烈士长眠于此。

2007年，青铜峡市人民政府对余家桥烈士陵园进行改造，建成了一座19.49米高的烈士纪念碑，以及一座烈士瞻仰厅（两层），并且完善了一些基础设施建设。在烈士瞻仰厅内，陈列有革命烈士的遗物、遗照，并对他们的生平、战斗经历，以及一些珍贵的战争史料等做了简要介绍，共有实物200余件，图片资料800多幅。

余家桥烈士陵园先后在1962年、1978年进行修缮，2008年重建，2017年再次修缮，被列为全国爱国主义教育基地，宁夏回族自治区爱国主义教育基地，宁夏吴忠党史教育基地，吴忠市青少年党史国史教育基地、爱国主义教育基地，宁夏党史宣传教育基地，青铜峡市党风廉政教育基地，青铜峡市干部教育培训现场教学基地，青铜峡市党史国史教育基地。

盐池革命烈士纪念园

盐池革命烈士纪念园位于吴忠市盐池县城南哈巴湖国家级自然保护区内，占地面积为400亩。作为全国100个红色旅游经典景区之一，盐池县革命烈士纪念园先后被列为宁夏回族自治区爱国主义教育基地、国防教育基地，全国民族团结进步教育基地，先后获得全国文物系统先进集体、宁夏文明风景旅游景区、国家4A级旅游景区、宁夏"十佳"

盐池革命烈士纪念园

旅游景区等荣誉。主要建筑有革命烈士纪念馆、苏维埃纪念馆、毛泽民纪念馆、中国滩羊馆、盐池解放广场和纪念碑、红军陵等。

革命烈士纪念馆为二层框架结构，建筑面积为3380平方米，有序厅、革命历史陈列厅、历史文物陈列厅三个专题展厅，主要展示手法有实物、图片、文字、雕塑、油画、多媒体资料、模型等。革命历史陈列厅的文物展分为西征解放盐池、红色政权建立、盐池军民大生产、边区经济得保障、回汉军民齐战斗、民族团结显神威、李塬畔——打不垮的红色政权、《王贵与李香香》——边区文化教育的里程碑五个部分，从政治、经济、军事、文化等方面全面再现了盐池的辉煌革命历程。历史文物陈列厅为专题展，分陶器展、冯记圈出土文物展、瓷器展、钱币展、金属器展、字画展、杂器展七个部分。

苏维埃纪念馆和毛泽民纪念馆依苏维埃政府原貌修建，为四合院建筑，正房及厢房门窗、檩条、椽子、大梁均为木质。墙面及房顶用仿草泥材料，地面铺水泥青砖。纪念馆占地千余平方米，展出图片、实物536张（件），主要展览内容有毛泽民生平展、《王贵与李香香》创作纪念地、苏维埃政府办公旧址、元华工厂车间、陕甘宁边区第一个消费合作社——盐池城区消费合作社等，再现了革命年代艰苦的生活和工作环境。

中国滩羊馆建筑面积784平方米，为一层正方形框架结构，每边长28米，馆顶中央为一个14×14米的玻璃天井，天井对应的地面上是以盐池草原、长城等为背景的群羊雕塑台。中国滩羊馆以文字、实物、图片、标本、模型等形式，介绍了盐池滩羊的起源和发展、滩羊特点以及当地的滩羊文化，从侧面反映了盐池滩羊在革命时期的作用和贡献。

盐池解放广场面积为19.36亩，寓意1936年盐池解放。广场为红色,取意"红场",寓意为革命烈士用鲜血染红的广场。纪念碑形状为写意的三把刺刀,材质为不锈钢,碑高27米。红军陵采用碑刻方式,共陈列有毛泽民、刘志丹等76名革命烈士的生平事迹,是缅怀先烈的重要场所。

同心烈士陵园

同心烈士陵园始建于1953年,原名"马和福烈士陵园",位于吴忠市同心县老城东郊,1978年6月迁至同心县豫海镇文化北街99号,并更名为同心烈士陵园。1986年,红军长征胜利和豫海县回民自治政府成立50周年之前,增建了烈士纪念碑、陈列室、纪念亭等设施。2008年对陵园实施了维修改造。2010年,新建烈士纪念馆,建筑面积为1400平方米。

陵园中心是革命烈士纪念碑,主体呈正方体,高19.36米。陵园东南及东北角共安葬着59名革命英烈,他们分别为1937年牺牲的马和福烈士,1936年在韦州上甘沟执行任务时牺牲的西征红军彭仪隆团长、马连长等35位烈士,解放初期在马家河湾剿匪时牺牲的中国人民解放军于永鳌排长等10名烈士,在预旺皮条沟剿匪时牺牲的宁夏军区刘兴业排长等11名烈士,在甘肃甘南剿匪时牺牲的同心籍烈士庞子学以及武警宁夏总队同心县中队二期士官冯建国烈士。

同心烈士陵园北边是烈士纪念馆,馆内陈列着从1936年红军西征到2021年建党一百年这一历史阶段的革命烈士和人民英雄马和福、彭仪隆、欧阳武、张月英等烈士的革命遗物,并对这些革命烈士的生平以及下马关攻城战、上甘沟遭遇战、皮条沟剿匪战、马家河湾剿匪战做了简要介绍。

同心烈士陵园革命烈士纪念碑

黄河明珠

青铜峡黄河大峡谷
哈巴湖国家级自然保护区
吴忠黄河国家湿地公园
罗山国家级自然保护区
牛家坊民俗文化旅游景区

青铜峡黄河大峡谷

　　青铜峡黄河大峡谷地处贺兰山下、黄河岸边，景区面积126平方千米，历史文化源远流长，自然景观秀美奇绝，旅游资源富集，是国家4A级旅游景区、世界灌溉工程遗产核心区，全国重点文物保护单

位、全国科普教育基地，也是宁夏黄河金岸旅游带的核心区。

"十里长峡，黄河之魂"，青铜峡黄河大峡谷是黄河上游最后一道峡谷，贺兰峻岭与牛首奇峰，构成了山的画卷；高峡平湖与深谷湍流，汇成了水的乐章。雄伟壮观的拦河大坝、古老神秘的一百零八塔、庄严肃穆的大禹神像、壮丽秀美的峡谷风光等众多景点分布两岸，使这里成为黄河金岸旅游带最亮丽的风景线。

"天下黄河富宁夏，塞上明珠青铜峡。"相传，大禹治水时，黄河在今吴忠北的牛首山被阻。大禹手挥青铜巨斧，将牛首山劈为两半，使黄河顺势而下，青铜峡由此得名。宁夏引黄古灌区历史超过100年的14条古渠中，青铜峡分布有12条。其中，秦渠、汉延渠、唐徕渠等古渠皆发端于青铜峡，青铜峡由此被称为"九渠之首"。1958—1978年，这里修建了一座以灌溉、发电为主，兼顾防洪、防凌等功能的综合利用的大型水利枢纽工程——青铜峡水利枢纽。经过30年的淤积发展，这

十里长峡

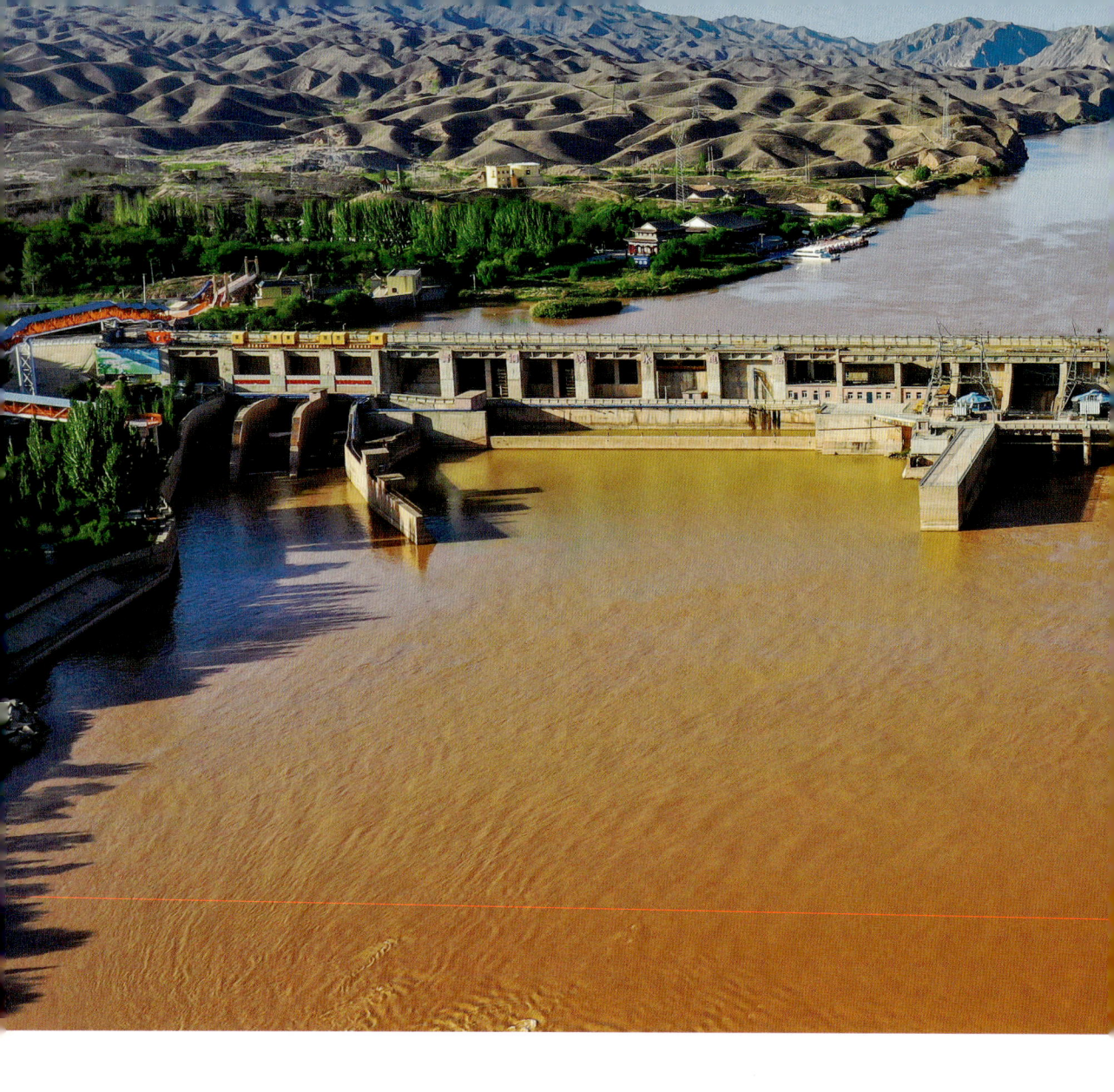

里逐渐形成了宁夏最大的黄河滩涂类型湿地自然保护区——青铜峡库区湿地自然保护区。2020年，该保护区被列入国家重要湿地名录。据统计，这里约有鱼类42种、两栖动物3种、爬行动物5种、鸟类212种。该保护区是候鸟迁徙的重要生态廊道，候鸟迁徙期过境鸟类最多可达百万只。

一百零八塔始建于西夏，位于水库西岸崖壁之下。古塔与牛首山隔岸相望，山、水、塔相连，高峡平湖，碧波荡漾，整齐的古塔映照其

青铜峡水利枢纽

上，轻舟泛起涟漪，宛若天上人间。

　　为建设黄河流域生态保护和高质量发展先行区，青铜峡黄河大峡谷推出了十里长峡观光游，包括皮筏漂流体验游、健身徒步康养游、引黄灌溉研学游、千年古塔探秘游、大禹精神寻访游、拦河大坝水工游等特色体验项目，全方位展现黄河文明，在国内乃至国际上都具有较高的知名度和美誉度，吸引了五湖四海的朋友前来观光旅游，令人流连忘返。

哈巴湖国家级自然保护区

　　哈巴湖国家级自然保护区位于吴忠市盐池县中北部，与陕西、甘肃、宁夏、内蒙古四省区接壤，由宁夏哈巴湖国家级自然保护区管理局管理。

　　哈巴湖县级自然保护区成立于1998年，2001年晋升为自治区级自然保护区，2006年晋升为国家级自然保护区。保护对象为温带大陆性气候半干旱荒漠草原—湿地生态系统及金雕、大鸨、发菜等珍稀濒危野生动植物。保护区总面积840平方千米，其中核心区面积307平方千米，缓冲区面积223平方千米，实验区面积310平方千米。这里年均气温7.1℃，最高气温37.0℃，最低气温-29.5℃。年均降水量285毫米，80%的降雨集中在7—9月，降水量地域分布规律为自南向北递减。年均蒸发量2727毫米，年均日照时数2853小时，无霜期128天。目前，哈巴湖景区是国家4A级旅游景区。

　　哈巴湖保护区处于黄土高原向鄂尔多斯台地过渡、半干旱区向干旱区过渡、干草原向荒漠草原过渡、农区向牧区过渡的交错地带，过渡地带特征明显，动植物地理区系成分复杂，物种多样性丰富，在半

哈巴湖上的星空

干旱荒漠草原区极具典型性和代表性。保护区共有野生植物76科215属420种。其中，发菜、沙冬青、甘草、沙芦草这4种为国家重点保护植物。

保护区被誉为西部荒漠天然的"生物基因库"，有野生脊椎动物24目53科168种，其中鱼类2目3科10种，两栖类1目2科2种，爬行类1目3科6种，鸟类15目33科119种，哺乳类5目12科31种。其中有国家一级重点保护野生动物黑鹳、金雕等11种，国家二级重点保护野生动物大天鹅、小天鹅等28种；属于《濒危野生动植物种国际贸易公约》规定附录Ⅰ保护的鸟类1种（白尾海雕），附录Ⅱ保护的鸟类20种、兽类2种，附录Ⅲ保护的鸟类7种。保护区内有昆虫纲昆虫167科590属878种，有蛛形纲昆虫12科20属30种。

区内自然景观十分独特，南部沙丘连绵起伏，一望无垠，呈现出

哈巴湖美景

一派雄浑的大漠景观：沙丘后方如盖的树冠若隐若现，状如云朵；沙柳、毛柳点缀在沙丘上，又似沙湖中的芦苇丛，微风轻拂，在绿波中荡漾。进入沙海，游人可赤脚漫步，感受地软沙细；还可领略"西湖烟云""九天览胜""柳冠如云""沙岛观潮"等景观的妙趣横生。北部绿树成荫，大小不等的湿地、水塘点缀其间。沙、水、草、鸟等风景要素在这里巧妙结合，形成了独特的沙漠景观，被誉为"沙漠绿洲""天然氧吧"。

花马寺

  哈巴湖国家级自然保护区以生物多样、大漠奇秀、湿地湖泊众多为主要特色，是集生态、科普、探险、休闲、避暑为一体的国家森林公园，既涵盖灌木丛林、草原沙山等自然景点，又兼有花马寺、哈巴湖细石器文化遗址等人文景观。闻名遐迩的长城，历尽沧桑的古城堡，香火鼎盛的灵应寺，这些人文景观展示了中华民族繁衍、发展的历史进程。此外，保护区内还具有浓厚的游牧文化、农耕文化以及风味独特的饮食文化。这里的羊羔肉、手抓肉、烤全羊知名度极高。

吴忠黄河国家湿地公园

宁夏吴忠黄河国家湿地公园位于吴忠市西北,利通区与青铜峡市交界处,是典型的黄河及洪泛平原湿地类型。该湿地公园呈狭长带状,总面积28.76平方千米,划分有湿地保育区、湿地体验区、合理利用区、湿地功能展示区和服务管理区5个功能区,属西北内陆黄河上游河流湿地,黄河水面、河滩湿地在天然湿地中占主要部分,湖泊湿地、人工湿地也是其重要的组成部分。

吴忠黄河国家湿地公园内动植物丰富,是众多鸟类栖息、繁衍、迁徙停留之地。园内共有湿地植物60科152属248种;动物包括鸟纲13目29科106种和77亚种,甲壳纲1目1科2种,鱼纲3目5科27种,两栖纲1目2科4种,爬行纲2目4科7种和2个亚种,哺乳纲4目6科16种和13个亚种。丰富的动植物资源维持了黄河流域生态系统的稳定,同时,也为鸟类沿欧亚大陆迁徙提供了重要的觅食、栖息环境。

群鸟翱翔,百鸟争鸣,湿地鸟类种类呈多年连续增加的良好态势,目前监测记录到的湿地鸟类有100多种。众多珍稀濒危鸟类选择在这里栖息，吴忠黄河国家湿地公园已成为候鸟沿东亚—澳大利西亚迁徙的重要驿站，并焕发出无限的生机和活力。2020年11月，在公园内观测到1群共16只被称为"鸟中的大熊猫"的黑鹳、5只来自蒙古国的卷羽鹈鹕、15只白尾海雕、百余只大天鹅和小天鹅、数千只白琵鹭，以及3000多只灰鹤。

吴忠黄河国家湿地公园自然景观丰富，河流湿地景观与湖泊、鱼塘、稻田等景观相结合，具有为吴忠市提供水源、缓解旱涝、维护生物多样性、减少风沙危害、防止土地荒漠化、净化环境、调节气候、防洪滞洪等多种生态功能。这里既是众多鸟类栖息、繁衍、迁徙停留之地，也是当地经济社会可持续发展不可缺少的保障。

黄河滩上的白琵鹭

罗山国家级自然保护区

　　罗山国家级自然保护区是宁夏仅有的三大天然林区之一，地处吴忠市同心县和红寺堡区境内，距同心县城 50 千米，距红寺堡区市中心 25 千米。该保护区始建于 1982 年 7 月，是宁夏首批自治区级自然保护区；2002 年 7 月晋升为国家级自然保护区，是宁夏中部的水源涵养林区和绿色生态屏障。

　　罗山国家级自然保护区总面积 33710 公顷（核心区 9645 公顷），森林覆盖率达 18.13%，林草综合覆盖度为 70% 以上，主峰"好汉疙瘩"海拔 2624.5 米，为宁夏中部的最高峰。保护区呈南北走向，绵延 30 多千米，宽 18 千米，按照地质地貌的不同，可分为西部扬黄灌区、中部干旱山区、东部旱作塬区。其主要保护对象是以青海云杉、油松为代表的荒漠区域典型森林生态系统。

　　罗山国家级自然保护区物种丰富，是天然的基因库。这里有 418 种野生维管植物，41 种苔藓植物，74 种大型真菌，221 种野生脊椎动物和 1008 种无脊椎动物，其中有蒙古扁桃、沙芦草等国家二级重点保护

"汇聚成河"的罗山黄芩花

植物4种，金雕、猎隼、荒漠猫等国家一级重点保护野生动物8种，鹅喉羚、赤狐、豹猫等国家二级重点保护野生动物38种，被列入《濒危野生动植物种国际贸易公约》保护的有22种，被列入《中华人民共和国政府和日本国政府保护候鸟及其栖息环境的协定》的鸟类有25种，被列入《中华人民共和国政府和澳大利亚政府保护候鸟及其栖息环境的协定》的鸟类有3种。

作为宁夏中部的地理"屋脊"和自然生态"屋脊"，这里高耸的山体、茂密的植被形成了一道绿色天然屏障，有效阻滞了毛乌素沙地南侵，有力遏制了周边土地沙漠化和荒漠化进程，充分发挥着涵养水源、减灾阻沙、改善区域气候、维护生物多样性等生态功能，为周边经济社会发展提供了有效的生态庇护，故有"荒漠翡翠"之美誉，被当地人称为"母亲山"。

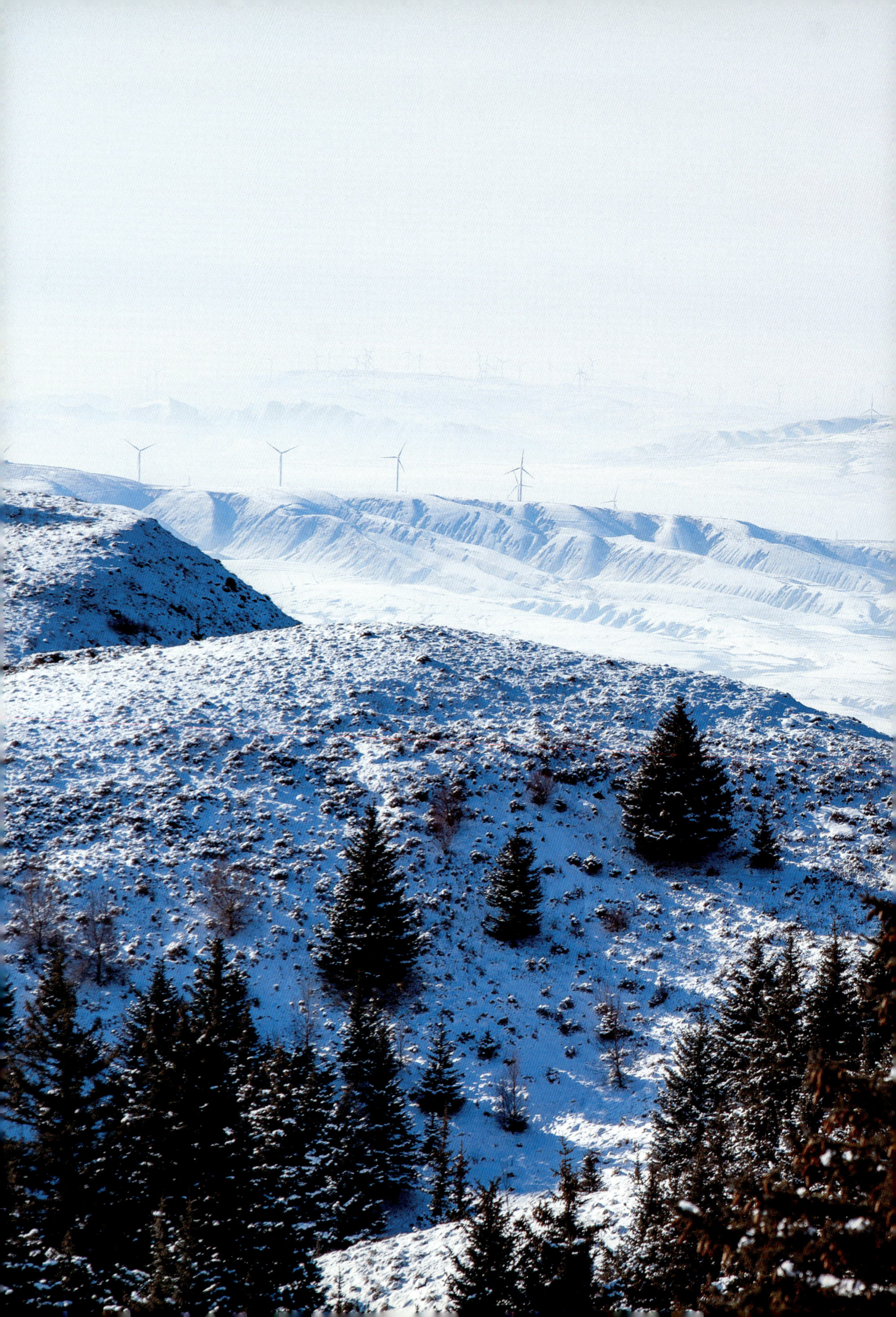

罗山冬雪

牛家坊民俗文化旅游景区

　　牛家坊民俗文化旅游景区，位于吴忠市利通区上桥镇牛家坊村，拥有得天独厚的自然、人文、农耕民俗文化资源。景区内有城南生态文化公园、农耕民俗文化博物馆、现代农业观光园、植慧谷室内游乐场、牛家坊公社大食堂、好吃街及多家乡村旅游示范点。

　　城南生态文化公园占地234公顷，种植有20公顷景观荷花及水莲，形成了以休憩、亲水、赏荷、观景为主的南环水系景观带。

　　农耕民俗文化博物馆是一座乡村博物馆，收集了1万余件农耕老物件，生动展示了农业文明发展进步的历程，并配建了酿醋房、磨辣椒面体验作坊、面点制作房等传统饮食制作体验区。为了让一件件展品"活"起来，牛家坊村在博物馆内开辟了农耕民俗文化体验区，提供该村出产的杂粮、牛肉、亚麻籽油、辣椒面等多种原生态食材，让观光者借助石碾、风箱、土灶等展品，亲自动手烹制粉汤杂碎、烩小吃等特色小吃。在烟火气息中，博物馆"情景再现"昔日农耕民俗，让一餐地道农家饭唤醒人们的味蕾记忆。如今，农耕民俗文化博物馆已成为助推牛

城南生态文化公园夜景

家坊村发展乡村旅游的金字招牌。

　　牛家坊村是第一批全国乡村旅游重点村。产业兴旺、人民富裕的牛家坊村先后获得"中国美丽休闲乡村""全国'一村一品'示范村""全国生态文化村""全国乡村旅游重点村"等荣誉称号，不仅成为全国乡村特色产业亿元村，更成为上桥镇乡村振兴发展的"样板间"。

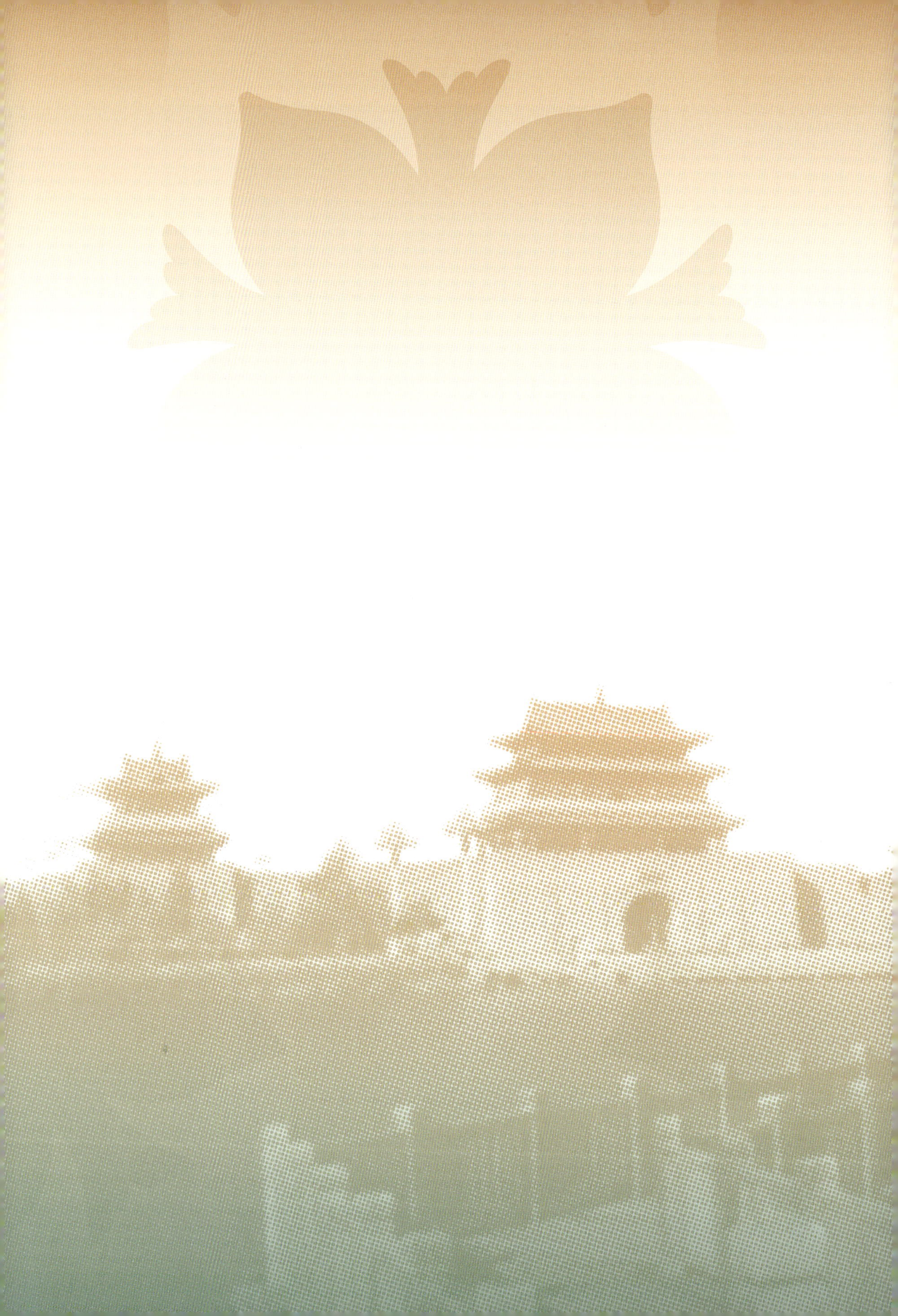

人文名胜

鸽子山遗址
盐池县古长城遗址
牛首山寺庙群
青铜峡一百零八塔
韦州康济寺塔
明王陵
盐州古城文化旅游区
黄河坛

鸽子山遗址

鸽子山遗址位于吴忠市青铜峡市蒋顶乡蒋西村贺兰山前，鸽子山盆地东缘，西距贺兰山大柳木皋峰约7千米，东距黄河约20千米。遗址总体呈西北向东南分布，是一处旧石器时代末期向新石器时代过渡的古人类文化遗址，是宁夏境内为数不多的中石器时代遗址。2006年，鸽子山遗址被列为第六批全国重点文物保护单位。2017年，入选2016年度全国十大考古新发现。

鸽子山遗址发现于20世纪80年代，经过20多年的摸查和发掘，共识别出距今0.48万年、0.8万年和1.27万年3个文化层位，获取了数万件石制品和大量动物化石，还发掘出一批用石料、兽牙和鸵鸟蛋片制作的精美装饰品。

获取的石制品中，有各类细石器、精美的小型两面器和形制多样的石磨盘、石磨棒，以及数万颗可食性植物籽粒，这在同时期遗址中是独有的，反映了中国西北地区古人类对植物性食物开发利用的巨大规模和技术的先进程度，对研究中国西北地区古人类文化、植物类食物加工驯化和原始农业萌生具有重大意义，为研究原始农业的萌生提供了实证；发现的数枚直径不足 2 毫米的串珠，小巧精美，是目前世界范围内旧石器时代装饰品中的最小者，昭示出制作者独特的匠心和高超的工艺水平。

此外，在最下面的文化层还发现了条带状分布的建筑柱洞和几十处结构性火塘等遗迹，这是中国旧石器时代遗址中首次发现的房屋建筑遗迹，刷新了世人对万年前人类认知水平和复杂技术能力的认识。

鸽子山遗址的发掘，首次在西北沙漠边缘区建立了晚更新世末期到全新世早期的年代序列，为研究这一特殊地理单元史前人类活动及环境变迁提供了重要依据。

鸽子山遗址

盐池县古长城遗址

吴忠市盐池县地处河套要冲，控扼朔方，有"西北门户，关中要冲"之称。历代王朝在这里戍边屯垦，留下了大量的文化遗存，长城是其中最为珍贵的文化遗产。

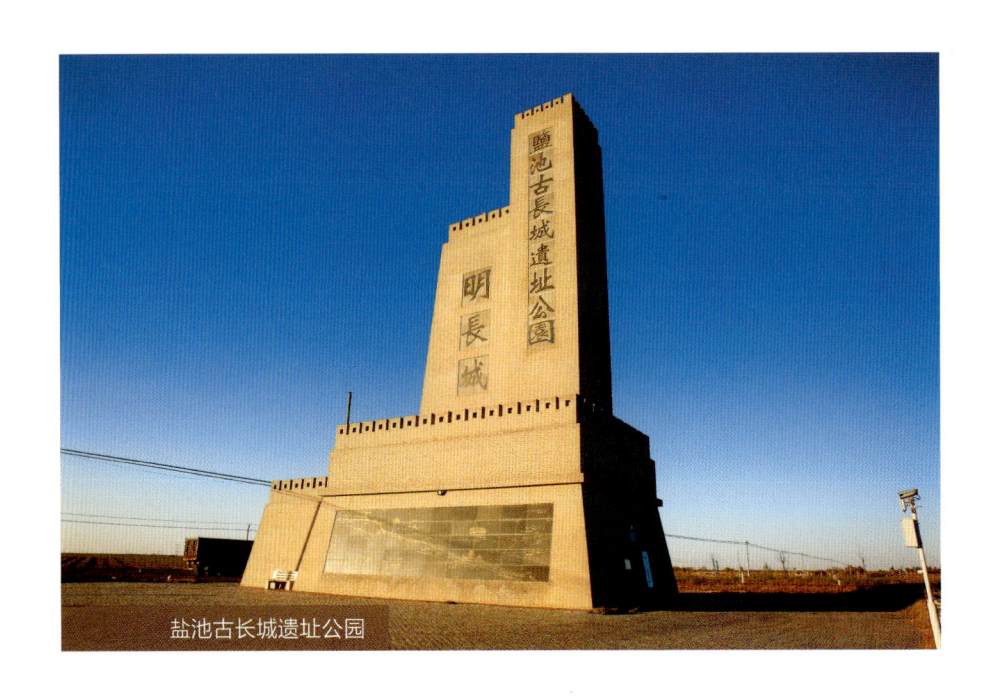

盐池古长城遗址公园

星空下的古长城遗址

盐池县境内现有3道明长城和1道隋长城遗址，总长达259千米，4道长城呈夹角之势将盐池包围，其中2道明长城遗址遗迹并驾齐驱成为历史奇观。长城沿线布局较为完整的古城堡有13座，墩台、烽燧有169座，主墙体、墩台、烽燧、关隘密集程度居宁夏之首。

长城在明代时被称为边墙，意为修筑在边防线上的大墙。盐池不仅有横贯县境东西的"头道边""二道边"，还有俗称"小边"的"固原内边"。除此之外，盐池县境内还有"长城关""八步战台""四步战台""六步战台""七步战台"等与边墙配套的古代军事设施遗迹。

2020年，明长城头道边被确定为首批国家级长城重要点段和长城国家文化公园（宁夏段）示范段之一。在盐池县城北的长城国家文化公园内，有明长城千百座雄关中唯一以长城命名的关隘——长城关。它

长城关

修建于明嘉靖十年（1531年），至今仍巍然矗立，见证了数百年来的历史变迁。盐池县长城遗址是宁夏境内体系最健全、规模最宏大的文化遗产，具有分布广泛、保存状况好、时间跨度长、遗迹类型多样、建筑形式多样等特点，被誉为"中国露天长城博物馆"。

位于长城关脚下的宁夏长城博物馆，于2018年兴建，面积3400平方米，有东、西两个展厅。博物馆内有与中国长城文化有关的图表数据、古籍资料、遗址照片，以及1000余件文物，全面介绍了中国历代长城著名关隘胜迹、长城及其附属设施、建筑状态以及历史事件。

盐池还有长城主题邮局，它是宁夏唯一一个以"长城"为主题的邮局。2016年8月20日，中国邮政发行的《长城》特种邮票，一套9枚，其中第八枚"大漠关城"集中展现了盐池花马池明长城的地貌特色。

牛首山寺庙群

牛首山，位于吴忠市青铜峡市南 20 千米处的黄河东岸，横跨中宁、青铜峡，距吴忠市区 30 千米，距银川市 88 千米。山脉宽约 9 千米，长约 29 千米，最高峰海拔 1774 米，因其主峰小西天（文华峰）和大西天（武英峰）南北耸峙，宛若牛首而得名。

牛首山寺庙群，位于牛首山中。这里寺庙林立，错落有致，古木苍翠，云雾缭绕，是塞北边漠著名的佛教圣地。

牛首山古寺庙始建于唐贞观以前，宋、明、清代均进行过多次复建维修。清同治以来，牛首山古寺庙遭到严重破坏。民国年间重修时，将其改称为大西天寺，与小西天寺、清凉寺、三圣寺等，组成一

牛首山黄河湾

牛首山寺庙群

个寺庙群。1980年，各地信众奔走集资，相继在牛首山昔日旧寺址上重修寺庙。

牛首山寺庙群，分东寺庙群和西寺庙群两部分，共有庙宇45座，"寺庙以峦走向，沟谷形势，以石垒垣，伐木成栋"，东西寺庙群相距约10千米，是中国西北地区最大的寺庙群之一。"可与四方九华、普陀、峨眉、五台名山胜地，同其高深"，为朔方名刹。

东寺庙群分布在山崖和幽谷之中，以金宝塔寺为中心从东向西，有保安寺、舍身崖、睡佛洞等19座庙宇；西寺庙群，背靠青山，枕山

夕照三清观

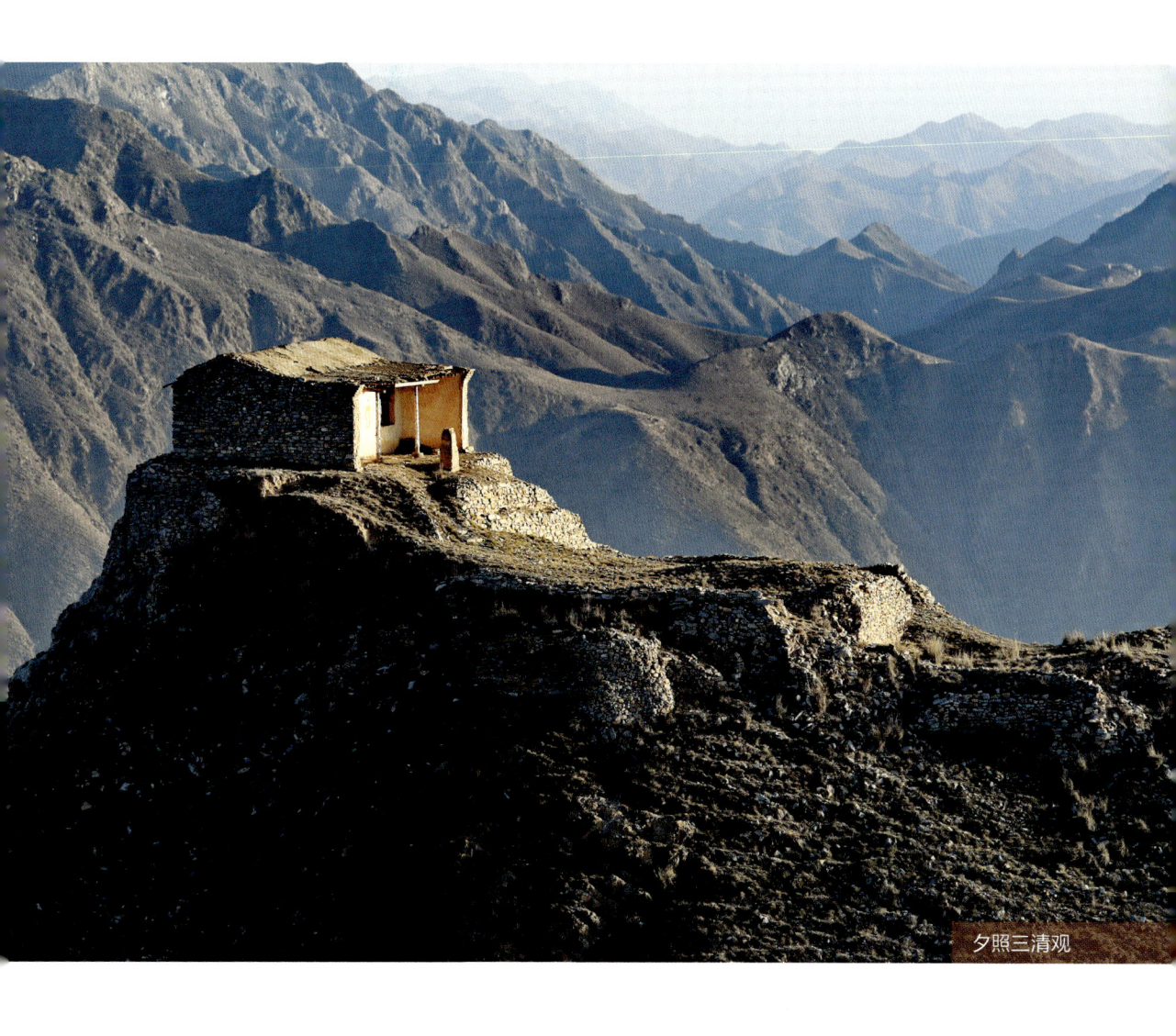

面河，前临深沟，依山势开凿庙台，坐东向西，台院前以石砌筑，由万佛阁、净土寺、观音殿等26座庙宇组成，寺院内大小佛像千姿百态，修建在牛首山西麓的幽谷中。睡佛洞院内有一水池，并留有一通明万历年间的碑刻。据说，明初庆靖王朱㮵曾见池中有金牛显现，故将水池命名为金牛池。

每年农历三月十五和七月十五，当地两大传统庙会在牛首山寺庙群举办。庙会期间，牛首山大小庙宇众僧云集，游人香客络绎不绝，香烟缭绕，热闹非凡，前来进香观景的人多达十万。

青铜峡一百零八塔

一百零八塔，位于吴忠市青铜峡市，因塔有108座而得名，总面积6980平方米，以其独特的建筑格局、神秘的西夏历史和深邃的佛教文化闻名遐迩。1963年，入选第一批区级重点文物保护单位。1988年，入选第三批全国重点文物保护单位。

关于一百零八塔的建成年代，史籍并无详细记载。据《大明一统志》中记载："峡口山一名青铜峡，上有古塔一百零八座。"又据《读史方舆纪要》卷六十二载："峡口山，一名青铜峡，上有古塔一百零八座。"清《宁夏府志》载："青铜峡在广武堡北，两山对峙，河水经焉，中有禹王庙，又有古塔一百零八座，不知所始，或云昔人压胜之具。"据此可知，一百零八塔在明代以前就已经存在，且已被称为"古塔"。一百零八塔分空心和实心两种，最大的一座为空心塔，其余皆为实心塔。据早期照片可知，一百零八塔残损处，露出三层白灰泥皮，白灰泥皮上有用朱砂彩绘的莲瓣花纹图案残迹，还有墨书梵文，其形制、色调、纹饰与河西地区西夏至蒙元时期土塔遗存十分相似，也与1999

一百零八塔

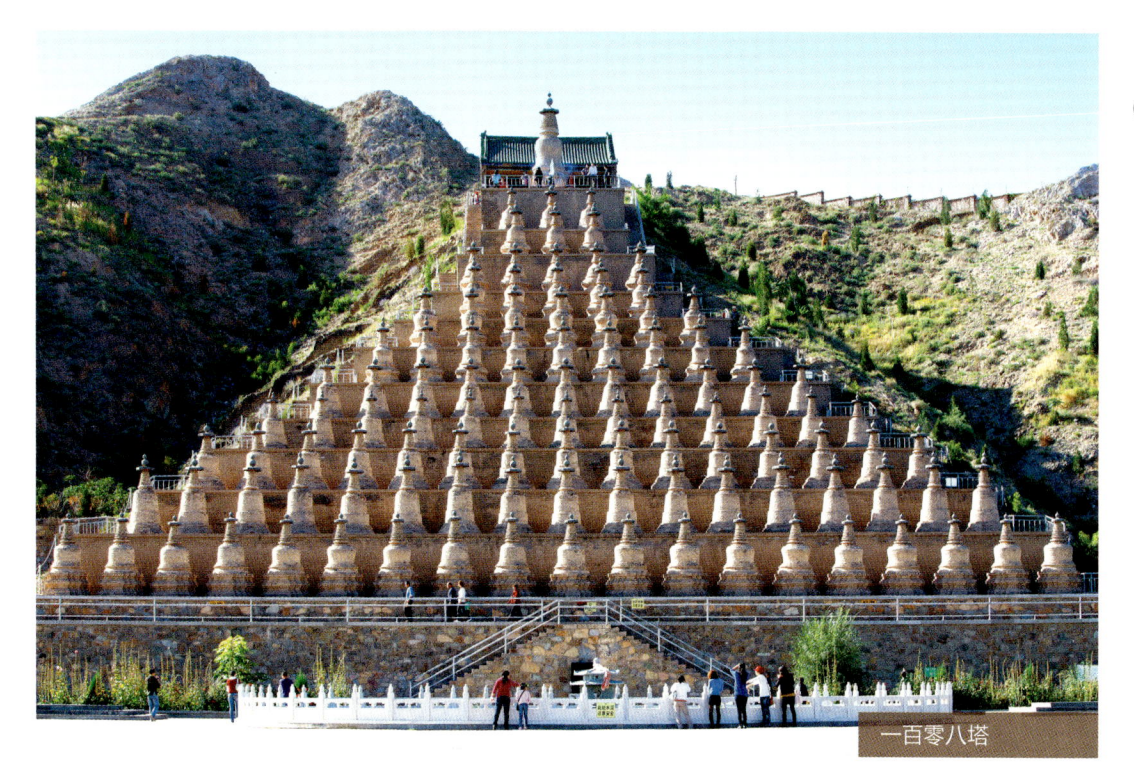

年整修拜寺口双塔塔院时，在西塔后面山坡上发现的彩绘土塔群如出一辙，再加上塔群内出土的文物具有西夏文物的明显特征，因此推断，一百零八塔应为西夏中晚期所建的覆钵式实心塔群，是中国现存最大且排列最整齐的喇嘛塔群之一。

一百零八塔随山势凿石分阶而建，共有12行阶梯式平台，由下而上逐层增高，古塔依山势自上而下按1、3、3、5、5、7、9、11、13、15、17、19的奇数排列，形成总体平面呈等腰三角形的巨大塔群，总计108座。

这里所有的塔均由塔基、塔身、塔刹三部分组成，塔的单体结构略有差异。塔基有十字折角和八角形束腰须弥座两种；塔身整体造型有覆钵式、葫芦状、八角鼓腹锥顶状和宝瓶状4种；塔刹通为相轮伞盖宝珠顶。最上层的一座大塔为空心塔，塔身整体高5米，塔基为十字折角形，塔身为覆钵式，塔顶为宝珠式，面东壁有龛门，门高1.56米，深1.5米，宽1米；其他107座均为实心塔，塔高在2.5米至3.5米之间。其中，二至四层为八角鼓腹锥顶状，五至六层呈葫芦状，七至十二层呈宝瓶状。1987年维修以前，每座塔心正中立有一立柱，立柱外用土坯夯筑而成，表面抹有数层草泥白灰，施朱色彩绘，颜色厚重艳丽。

在塔区，考古人员还发现了西夏文佛经和藏文咒语，以及藏密风格的唐卡和造像，其题材、内容、艺术风格和制作方法，都具有西夏至蒙元时期典型的时代特征。一百零八塔及出土的文物，证明佛教在西夏时期的盛行，也印证了昔日灵州的繁华，其历史、艺术、科学价值也愈加受到世人瞩目。

远眺一百零八塔

韦州康济寺塔

韦州古城位于吴忠市同心县韦州镇老城，始建年代不详。其地处丝绸之路南北通途要道，这里曾是宁夏的政治、经济和文化中心，现为宁夏回族自治区重点文物保护单位。

韦州古城平面近似正方形，东西长517米，南北长540米，东、南辟门，南门外有瓮城，东门已毁。古城残墙高10米，顶宽4米，基宽10米，夯土层厚8至12厘米，城墙四周有马面49座，其间距均为43米。城内现存古塔2座，一座为密檐式砖塔，称"康济寺塔"，耸立于城东南隅；一座为覆钵式喇嘛塔，称为"小白塔"，矗立于城西北隅。

康济寺塔位于康济禅寺废址内。初建于西夏，明代曾两次重修塔身上部和塔刹。清同治年间，禅寺庙宇焚毁，仅古塔独存。该塔为八角形十三层密檐式空心砖塔，现高42.7米，由塔身、塔座、相轮宝顶三部分组成。塔下无基座，仅做一层扁平的方台基。第一层塔身较高，第二层以上每层高度压低，逐层往上收分，形成抛物线轮廓，展现出中国早期密檐式塔的风格。塔身第一层南面辟券门，第十三层各面砌砖雕假

康济寺塔

门龛及角柱，其余各层均为素面。塔刹基座为八角形两级束腰须弥座，宝顶现由相轮、宝盖和宝瓶组成。

康济寺塔原为九层，明嘉靖六年（1527年）重修时，在原塔上增建四层，成为十三层，但保留了该塔原形。明万历九年（1581年），增建的四层毁于地震，在后来复原时仍保持十三层。清乾隆三十一年（1766年）对该塔进行了第三次维修。

1985年，宁夏文物部门对康济寺塔进行修葺时，于第十三层塔身门龛内室发现了一批文物，包括铜造像27尊、木雕像3尊、银造像2尊、泥塑像1尊、木塔模1座、经书30余册、汉文题记砖20块等。其中，除南龛仅存放2尊银造像外，其余3龛内都置有铜、木造像、经书及题记砖，数量不一。

康济寺塔是现存较完整的西夏建筑，它见证了昔日韦州城的繁华，是宝贵的文化遗产。

明王陵

明王陵，位于吴忠市同心县罗山东麓，面积约 30 平方千米，是朱元璋第十六子朱㮵及其子孙、妃嫔们的陵园，当地人称"明庆王墓"。

明初，朱元璋分封诸子为王，朱㮵被册封为庆王，封地庆阳（今甘肃省）。朱㮵天资聪颖，尤擅诗词。明洪武二十六年（1393 年），庆王就藩宁夏镇城（今宁夏银川市），暂驻韦州城。建文三年（1401 年），庆王府移至宁夏镇城。正统三年（1438 年），朱㮵病逝于宁夏府城，享年 61 岁，谥"靖"，史称庆靖王，葬于韦州蠹山（今罗山）东麓。

据史料记载，韦州镇西、罗山东坡脚下有明代皇帝亲封的庆靖王、庆康王、庆怀王、庆庄王、庆恭王、庆定王、庆端王、庆宪王等亲王，以及庆王分封的真宁王、安化王等诸王的陵墓和嫔妃们的陪葬墓，其中最早的是庆靖王朱㮵正妃孙氏的陵墓，可追溯到永乐八年（1410 年），距今已有 600 多年。庆藩府十一代庆王，前十代均葬于罗山明王陵。

1968 年，庆靖王朱㮵墓于同心县韦州镇之西、"层峦叠嶂，苍翠如染"的大罗山下被发现。墓在早期遭到破坏和盗掘，陪葬品已被盗掘

明王陵

一空，仅存有圹志一盒。盒方形有盖，长60厘米，厚15厘米。志盖正中有阴文楷书竖镌"大明庆靖王墓"6个字，四周刻有云龙花纹，志文18行22个字。志文载："……王讳㮵，太祖高皇帝第十五子也，母妃余氏，生于洪武戊午正月九日，二十四年辛未四月十三日册封庆王，二十六年癸酉五月之国陕西之韦州，三十四年辛巳十二月徙国宁夏，正统三年八月初三日以疾薨。享年六十一……"圹志的文字和《明史》记载多相符合，唯《明史》记载朱㮵为朱元璋"第十六子"，而圹志则记载为"第十五子"。

朱㮵墓位于明王陵陵区最北端。陵园呈长方形，东西长200米，南北长100米，坐东向西。黄土夯筑的神墙已遭踏毁，仅存土脊，陵

朱㮵创作的有关韦州的诗词

《晚登韦州楼》

炊烟几处起荒城，柳外游丝百尺萦。
把笔登楼谩回顾，夕阳流水总关情。

《登韦州城北拥翠亭》

天际风云起，山椒结夕阳。
园林含暝色，笳管动哀音。
边报军书急，南来雁信沉。
病怀与秋思，惆悚苦难禁。

园东西原有门楼。陵园西面正中间是圆形陵台，陵台之下即为墓室。墓室由甬道、前室、中室、后室和左右耳室六部分组成，全长 20 米，宽 14 米，全部使用磨光的青色长条砖砌筑，做工精细，结构严密，宏大宽敞。除材料的质地和规模略逊于北京明十三陵的定陵外，墓葬的基本形制完全相同。

据说，20 世纪五六十年代时，墓群留存在地面上的"墓疙瘩"有 72 座，但 1984 年文物部门对韦州明王陵进行文物普查时，仅发现 34 座，其中大部分遭到不同程度的破坏，多是早年被盗和附近村庄挖砖所毁。2007 年文物普查时，只发现墓冢 20 余座，分布在陶庄、任庄、周新庄周围。

《朝中措·忆韦州拥翠亭》

构亭高在古城端，拥翠万山还。
四面轩窗高启，关河千里平看。
珠帘画栋，金铺文础，与问平安。
记得当年雨霁，常时坐对西山。

《临江仙·避暑韦州行有日矣喜而赋此》

塞上冰霜三十载，新来华发盈颠。韦城风景自堪怜，螺峰初雪霁，月榭淡笼烟。
想得灵州城下路，绿杨芳草依然。黄骝蹀躞杏花天。丙辰初日出，南上渡头船。

盐州古城文化旅游区

　　盐州古城位于吴忠市盐池县城，占地约 107 公顷，主要景点有花马池古城、长城关、九曲民俗文化园和宁夏长城博物馆。

　　花马池古城呈正方形，修建于明正统八年（1443 年）。清康熙

古城墙上舞狮

西城门楼及西城墙

三十六年（1697年），康熙帝亲征噶尔丹时，曾驻跸花马池城，并在城内文庙题写了"万世师表"匾额。古城边长370米，城内以鼓楼为中轴，分东西、南北两条主要街道。东、北二门上有楼，东瓮城城门南开，名永宁；南瓮城城门东开，名广惠；北瓮城城门东开，名威胜。东瓮城建于明天顺年间（1457—1464年），清代谢王宠（乡人称其"谢翰林"）曾为其题写"花马池"三字，非斜视不能辨认，取其"并足而立，侧目而视"之意。东瓮城内建有观音阁，瓮城上建东门楼、箭楼、南北魁星楼，均为歇山式屋顶的二层建筑物，斗拱交错，雕梁画栋。南瓮城建于明万历三年（1575年），瓮城上建有城门楼，二层，砖木结构，内塑李太白像。20世纪60年代，东瓮城、南瓮城均颓圮，从2014年开始，在原址恢复重建，现为自治区级文物保护单位。在花马池城墙外40米范围内，现建有4座环城主题文化园，分别展现了盐池的传统经典、革命记忆、历史流变、民俗传承。

盐州古城历史文化旅游区花马池古城景点导览图

长城关于明嘉靖十年（1531年）修建，为防御要塞和贸易关口。2016年重建，是盐池重大节庆赛事活动的主要承办地。

宁夏长城博物馆是长城文化的知识殿堂。步入展厅，可瞻仰人类宏伟壮丽的建筑奇迹，领略金戈铁马、战鼓擂动的风云历史。

九曲民俗文化园，由九曲阵、七星柱、烽火台、影壁等组成，于2018年年底建成运营，占地1.27公顷。九曲，也叫九曲黄河龙门阵。游九曲是黄河流域元宵节等传统节日里的一种民间游艺活动。九曲民俗文化园把古老的黄河文明、浓郁的丝路风情、悠久的边塞文化、独特的民俗风情融为一体，现已成为盐池的一张响亮名片。

盐州古城以长城、古城为核心，是一处既相对独立又有机统一的开放式旅游区，通过对景区景观的有效整合利用，建成了集红色文化展示、特色民俗展演、慢读书吧、老物件展示等为一体的宁夏革命教育基地和长城遗址文化集中展示区，实现了"非遗"文化与旅游、生态等资源的有机融合，现已成为宁夏的文化旅游胜地。

月光下的古城

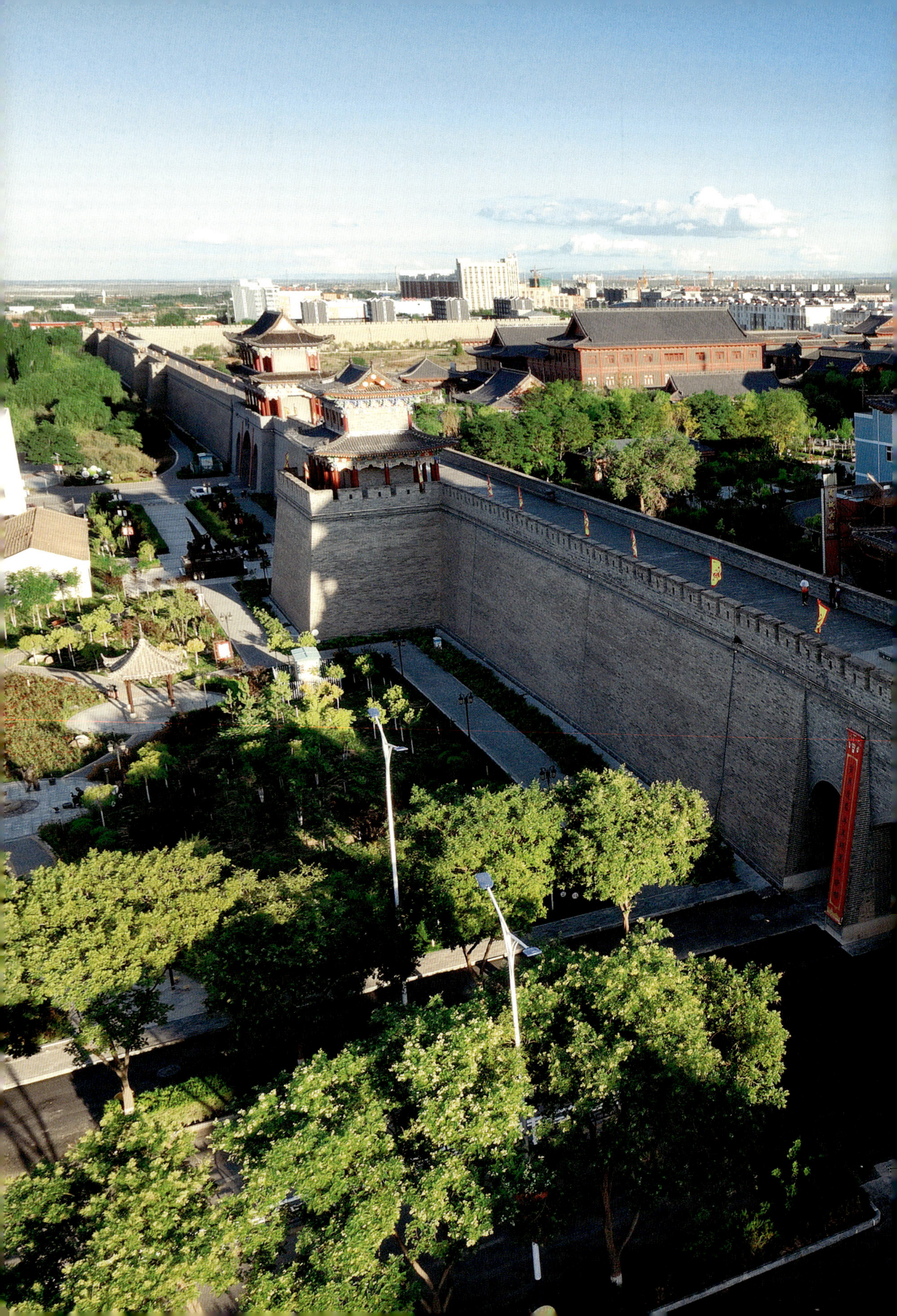

花马池古城北门——威胜门

黄河坛

中华黄河坛（以下简称黄河坛）位于吴忠市青铜峡市小坝镇109国道1314段，背靠贺兰山山脉，隔河倚立牛首山，左傍万里黄河臂弯，右依青铜峡峡口，被誉为"中国大江大河上第一座祭河之坛"，是宁夏黄河金岸的标志性建筑。

黄河坛长999米，宽200米，面积6.5万平方米，共分为六大景区。主体建筑含四大青铜牌楼、三桥、三楼、三殿、三大道、一阁、一坛、数千米石栏，108件青铜艺术珍品，近200件石雕。其涵盖内容从远古三皇五帝至今，被誉为"历史文化的长廊""金石艺术的殿堂"。黄河坛创造性地采用青铜铸造，是全国唯一一座感恩黄河母亲的主题建筑，集中展示了中华五千年的历史文化。

黄河坛牌坊是黄河坛的正门，高15.8米，长45米，为十柱九间的特大型牌坊，是我国目前最大的青铜牌坊，彰显出黄河文化博大精深的恢宏气魄。牌坊柱子采用玉琮造型，横坊采用青铜器饕餮纹造型。主坊顶上饰有太阳鸟、龙凤呈祥图案；两个副门顶上分别饰有日、月，以示天地乾坤。牌坊主门横匾书写"中华黄河坛"5个大字；太阳门横匾书写"敬天"；月亮门横匾书写"法地"；其背面分别对应书写"自强不息""厚德载物"；柱顶为方形，方位分别对应青龙、白虎、朱雀、玄武四灵之象；柱顶为"望天吼"，又称为"盼君归"，昭示黄河母亲盼望海内外黄河儿女归来。

从牌坊走进去，是碑林大道，两旁分列着18座铜碑，上面刻有精选的历代吟咏黄河的著名诗篇。经碑林大道，绕过照壁，是思恩牌楼，左右分别镌刻"饮水思源""感恩报德"，即黄河坛三区的第一区——思恩区主题——展示中华传统的孝道文化，表达报效母亲河的赤子之情。

过思恩牌楼后，是黄河九省地图形状的一泓水面，寓意九省饮水思源，共同深念母亲河的恩典。水面上横跨着3座大型九孔玉带拱桥，统称"三才桥"，从左至右分别称为"天健桥""人和桥""地坤桥"。

过思恩区，即黄河坛三区的第二区礼恩区，这也是黄河坛所处的区域。连接两区的是99米长、36米宽的农耕大道，两旁有二十四节气图腾柱。

黄河坛由方坛和圆坛组成，以应天圆地方之说。方坛边长99.99米，总面积9999平方米，选用方柱头，在东、西、南、北各方位分别雕青龙、白虎、朱雀、玄武四灵守护。中间圆坛用圆柱头，一层青水，二层青云，三层青龙，代表天地之间，黄龙腾飞。圆坛设有5条通道，分别为金、木、水、火、土五行列位。每个通道上按顺序排列着六十甲子神中的十二神将。

中华黄河鼎，安放于黄河坛中央。鼎为青铜材质，总高6.3米。鼎的正面，用篆字题写"中华黄河鼎"五字。鼎饰饕餮纹、云雷纹、牛首纹，展示中华黄河的恢宏浩荡，象征中华黄河的农耕文明。

过礼恩区可见感恩牌坊，走过99米长的文华大道，面前是黄河坛三区中的第三区感恩区的"大门"——感恩牌坊。这座高12米、跨度27米的牌坊前有黄河铜牛，十八青铜礼器分设左右，陈列铜灯、香炉、香案，上设三大殿，中为中华人文始祖殿，塑有三皇五帝之圣像；左为慈孝懿范殿，塑有女娲、嫘祖、娥皇女英、历代贤母及二十四孝，展现中华民族之伟大女性之懿范和孝道之楷模；右为百家姓祠堂，为炎黄子

黄河坛雪韵

孙、中华民族，同祖同宗、同根同源之佐证，为民族团结和睦、共同繁荣之象征。感恩区寓意"感谢黄河母亲哺乳之恩"。

黄河坛是一处集千年历史文化观光游、现代化生态农业农事体验游、黄河大峡谷览胜自然游、生态休闲度假娱乐游为一体的综合性旅游景区，它将群山、大漠、历史遗迹、江南水色与生态农业融为一体，形成了宁夏沿黄流域一道亮丽的风景。

吴忠市旅游景点分布示意图

自然景观

1. 青铜峡黄河大峡谷
2. 哈巴湖国家级自然保护区
3. 吴忠黄河国家湿地公园
4. 罗山国家级自然保护区
5. 牛家坊民俗文化旅游景区

文明建筑

1. 盐州古城
2. 中华黄河坛
3. 牛首山寺庙群
4. 青铜峡一百零八塔
5. 同心清真大寺
6. 韦州康济寺塔
7. 董府
8. 鸽子山遗址
9. 尖尖山石窟
10. 三清阁
11. 兴武营古城址

红色记忆

1. 盐池革命烈士纪念园
2. 西征红军指挥部
3. 涝河桥烈士陵园
4. 豫海县回民自治政府成立旧址
5. 同心县红军西征纪念馆
6. 同心烈士陵园
7. 余家桥烈士陵园

滨河湿地鸟类

文化公园
1. 盐池古长城遗址公园
2. 宁夏移民博物馆

- 高沙窝镇
- 盐州路街道
- 盐池县
- 花马池镇
- 王乐井乡
- 冯记沟乡
- 青山乡
- 麻黄山乡

明长城遗址公园

盐池革命烈士纪念园

中华黄河坛

图例	说明
◎ 吴忠市	地级行政中心
⊙ 同心县	县级行政中心
○ 河西镇	乡级行政中心
——	省级界
——	地级界
------	县级界
🍃	自然景观
★	文明建筑
★	红色记忆
●	文化公园
●	王陵墓葬

王陵墓葬
1. 明王陵
2. 关马湖汉墓
3. 张家场汉墓
4. 宛记沟汉
5. 邵岗汉墓
6. 李家套子汉代匈奴墓
7. 倒墩子汉代匈奴墓

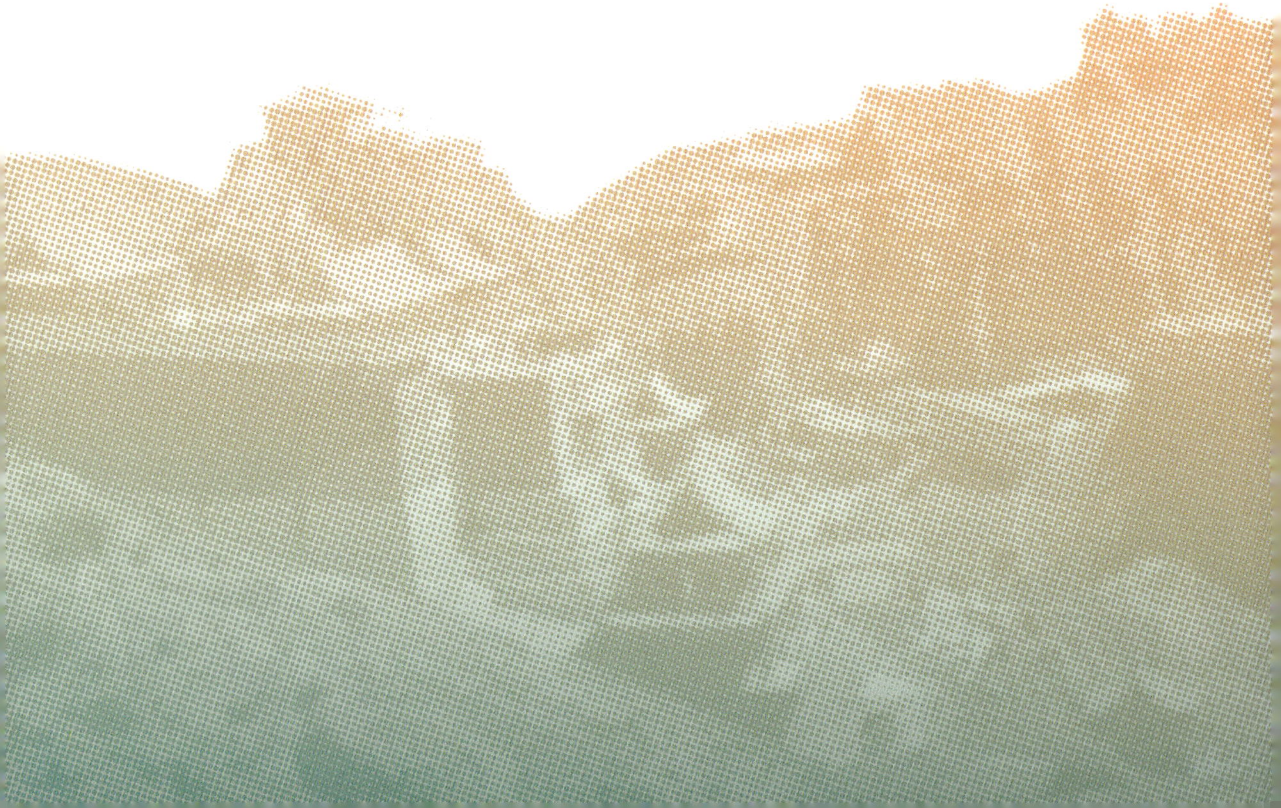

人文集萃

[美食　物产　百工　民艺　民俗]

民俗

吴忠历史上是移民区，通过民族交往交流交融，在长期的生产实践和社会生活中逐渐形成了世代相传、较为稳定的丰富多样的民族习俗。

新春秧歌表演

莲花山青苗水会

莲花山位于吴忠市同心县张家塬乡境内绵延起伏的群山中。莲花山峰顶海拔 1800 米，北与罗山相望，南有群峰簇拥，东南陡峭险峻，东麓濒临深沟，西北蜿蜒倾斜。因其四周峰峦层叠，浑圆巍峨，远观如莲花盛开，清幽钟秀，故称莲花山。

同心县一年一度的莲花山青苗水会在每年的农历四月十五举行。莲花山青苗水会源于莲花山庙会，此前称莲花山朝山水会。据同心县新庄滩清康熙二十九年（1690 年）《重修雷祖庙碑记》载："（莲花山朝山水会）或禳灾殃而遂通，或祈雨泽而无祷不应者，盖屡屡矣。"后一度衰落。道光年间，连年旱灾，风沙肆虐，瘟疫流行，当地百姓普举善念，重整莲花山朝山水会。同治末年，有一位人称"孟道"的四川籍道士，他留居莲花山之后，师古融今，亲自动手制作道具服装和用具器械，精心编排演练水会仪轨，使水会仪式形式丰富多样。光绪十

莲花山青苗水会建筑群

年（1884年），应道教圣地崆峒山之邀，莲花山水会仪仗队全班人马百余人在会首张九孝、马振元的带领下，徒步500多里前往崆峒山学习交流，进一步丰富和完善了莲花山朝山水会仪式。

中华人民共和国成立后，随着社会的变迁，水会活动的形式与内容相应有所变化。莲花山上的建筑在20世纪60年代被毁。1983年重建时，将朝山水会改称"青苗水会"，并赋予了它新的文化内涵。起初，莲花山青苗水会的主要活动是祈雨求福，带有浓郁的道、佛、儒色彩。后来，水会已成为集祈雨求福、朝山进香、商品交易、娱乐休闲等为一体的有组织的传统民俗活动。

2014年11月，"同心莲花山青苗水会"经国务院批准列入第四批国家级非物质文化遗产代表性项目名录。

近年来，莲花山青苗水会所用服饰道具、音乐器械，不断更新扩充，青苗水会内容更加丰富，活动场面更加浩大，形式更具地方特色。每逢过会，来自银川、固原、海原、彭阳及同心周边等地的游客成千上万，热闹非凡。

游九曲

盐池县的九曲黄河龙门呈现的是"天圆地方"的结构，外圆内方，外围是个大的圆形，象征"天"，指"天圆"，外圆周为24节气灯柱；内侧分为"福、禄、寿、喜、吉、祥、安、康、顺"，寓意人生的九个追求，形成一个正方形，为"地方"。

九曲方阵在四个角设置了四个烽火台，寓意四季。365个灯杆组成的九曲龙门阵，象征着一年365天。阵内由9999个标有九曲寓意及十二生肖、百家姓的红灯笼组成，百只滩羊雕塑代表着"孝"文化

盐池县民俗文化活动——游九曲

（羊为跪乳动物），全长 2400 米，代表着 24 孝，意为"百善孝为先"。

牛首山庙会

　　牛首山是佛、道合一的宗教场所，每年农历三月十五和七月十五，这里会举行盛大的牛首山庙会。庙会期间，热闹非凡。各类小吃、农产品、手工艺品等应有尽有，戏法、杂耍、戏曲表演也时有所见。除了吴

牛首山寺庙群

忠以及宁夏各地的游客，甘肃、内蒙古、陕西等周边省区的香客也会慕名而来。

盐池"燎疳"

"燎疳"，是流行在吴忠特别是盐池县的一种很有仪式感和颇具娱乐性的习俗。"燎疳"在西北各地称谓不同，也有叫炼疳、散疳的。人们通过"燎疳"，希冀祛病消灾，祈求丰稔，祈福纳祥。

在盐池，不管在城市还是乡村，人们从农历正月二十三下午起，就开始准备柴草。在农村，柴草便宜，家家都有；在县城，这一天街上

燎疳后扬"五谷花儿"象征来年粮食丰收

会有很多拉车卖柴的。

  天黑了，家家户户都出来点燃柴草。火着起来后，不管男女老少，都要从火上跨过去，象征"燎"去一年的晦气。三五岁的小孩子跳不过去，大人就抱起来在火头上绕一下。"燎疳"完以后，有人会拿着盐罐，往火堆里撒上大颗粒盐，柴火堆会响起噼噼啪啪的声音。大火熄灭以后，那些还带着火星的柴棒会被人用铁锹扬起来，这个环节被称为"扬花"。每扬一次，喊一种庄稼花的名称，旁边则有人帮衬着喊"好花"，意为今年这种庄稼会收成好。人们会把五谷杂粮挨个喊遍，希望在新的一年五谷丰登、六畜兴旺。

民艺

巧儿刺绣

巧儿刺绣作为宁夏的国家级非物质文化遗产项目，是在黄河流域的民间绣法的基础上，经过长期实践形成的一种具有独特风格的吴忠民间

巧儿刺绣传承人李夏音

刺绣作品

手工艺术。

巧儿刺绣以民间传统图案为蓝本，在传承"有图必有意，有意必吉祥"的同时，吸收我国四大名绣之长，可与书画艺术相媲美。巧儿刺绣以针作画，内容取材于地方民情习俗，针法灵活而细腻，千万个线头、线结被隐藏得无影无踪，作品形象生动传神，构思精巧独特，色泽艳丽而华贵，明暗过渡立体、和谐，饱含层次感，表现出吴忠刺绣人的聪明才智与艺术天赋。

吴忠的农村有大量季节性的闲置劳动力，尤其是妇女劳动力，她们心灵手巧、勤劳能干，且70%以上都会刺绣。一针针寄托美好祝愿，一线线传递浓厚深情，巧儿刺绣已成为吴忠特色产业的一个重要组成部分，深受人们的喜爱。

花儿相关曲目整理

宁夏吴忠花儿

吴忠的宁夏花儿是一种在群众中广为传唱的民歌体裁，主要流传于同心县。同心花儿传承线路明确，是吴忠花儿的代表。2006年，宁夏花儿被列入第一批国家级非物质文化遗产名录。2009年，宁夏花儿入选联合国教科文组织人类非物质文化遗产代表作名录。

同心县处于洮岷花儿与河州花儿流行区的边缘，同心花儿属于甘肃河州花儿的一个分支，是河州花儿向四周传播的产物。但在河州花儿传至同心的过程中，由于同心县的地域文化、历史文化以及宗教文化与河州花儿流行区域有所不同，同心花儿对河州花儿既有所保留，又为适应地域文化而有所变化，特点鲜明。

吴忠的花儿不同于甘肃、青海周边地区的赛歌等表演形式。吴忠

宁夏花儿传承人王德勤

的花儿主要由劳动人民在山间地头劳作时即兴而作，以自娱为主。它除了具有一般花儿的特点外，还吸收融合了其他民歌的体裁和特点，形成了自己独特的风格。因此，在同心县流传的花儿被称为"干花儿"。

花儿在吴忠还可分为川区花儿和山区花儿两种。川区花儿，大多是吴忠川区（川区，即黄河两岸的平原地区）劳动人民在田间地头所演唱的，音调较平缓，曲调流畅舒展，旋律优美；山区花儿多是山区劳动人民在山上放牧时所演唱的，多用高腔、拖腔，曲调高亢，旋律奔放悠扬。

吴忠同心县的花儿曲目，主要有《一心儿想着个你了》等。除歌曲外，花儿还出现了歌舞剧，有《金鸡姑娘》《林草情》《大山的女儿》《花儿四季》《花儿》等。

百工

手工二毛皮制作技艺

"盐池有三宝,皮毛咸盐甜甘草。"盐池的二毛皮只出产于范围极小的特殊地带。盐池滩羊属于粗毛类型羊,羔羊出生后到离乳期间,它的头顶部到鼻端、四肢蹄部以上,都有弯曲的长毛。羔羊出生时,背毛

吴忠"白宝"走向世界

1. 获取羊皮
2. 分类
3.

长 5 厘米以上，出生后的 20 至 40 天期间，毛穗能长到 9 厘米以上，此时的羊羔皮被称为"二毛皮"。

二毛皮制作需要经过羊皮分类、浸水、鞣制、定皮、制作等多道工序，手工制作一件二毛皮服饰需要半个多月。"二毛皮子九道弯"，好的二毛皮，毛穗一绺一绺很柔软，提起来毛穗呈下垂之势，如水波起伏。二毛皮整体皮薄如纸厚，质地坚韧，柔软丰匀，有"轻裘"之美称，在国际上享有盛誉。2014 年，手工二毛皮制作技艺被列入第四批国家级非物质文化遗产代表性项目名录。

陈氏中医十技法

陈氏中医十技法起源于河南开封，创始人陈进孝在习武练功之余向民间医生学习医术，总结研究出了一套治疗跌打损伤、内病外治的特色方法。他收集当地中草药，研究其药性，初步总结出以刺、拔、挑、吹、捏、熏、敷、点、涂、抹为核心的陈氏中医十技法。2014 年，被

列入第四批国家级非物质文化遗产代表性项目名录。

第二代传人陈铭生继承父亲陈进孝的医技与验方，在其军旅生活中为士兵疗伤治病；第三代传人陈卫川自幼随祖父、父亲学习医术，从医 50 年来，在脾胃病、肝胆病、糖尿病、风湿及妇科病等治疗方面积累了丰富的经验，同时勤于笔耕，先后主编出版了《陈卫川医技验方集》《自采自种中草药简编》《宁夏中草药种植》等中医药著作。陈氏中医十技法至今已传至五代，日臻成熟。

马氏济慈堂生育药剂制作技艺

马氏族人在 200 余年的发展历程中，创制了诸多中药配方，尤以在优生方面研究成果卓著。其创制的"生精丸""促孕丸""化积散"等，在治疗不孕不育、高热积滞、妇女症瘕积聚等方面效果显著。第七代传

马氏药剂制作

马氏济慈堂生育药剂制作技艺传承人马颂华

人马颂华承前启后,完善了医药思维体系的建构,改良了马氏济慈堂生育药剂的配方并广泛运用于临床。近年来,马氏族人培养传承人7名,向其传授系统的理论知识和制药技艺,现已初见成效。2021年,马氏济慈堂生育药剂制作技艺被列入第五批国家级非物质文化遗产代表性项目名录。

张氏中医正骨

张氏中医正骨疗法通过复位、合位等传统正骨手法,配合使用世传接骨方法、金疮等自配秘方药剂,以用自制材料(包括小夹板等)外固定的方式,以不破坏骨折部位的血运为原则,不开刀、不打石膏、不用金属物穿刺牵引治疗骨折、关节脱位等骨伤疾病。它疗效显著,具有鲜明的民族性、民间性和地域性。2008年,张氏中医正骨被列入第二批国家级非物质文化遗产名录。

第一代传人张华坤,自清同治年间,就在今吴忠市利通区马莲渠乡汉北堡村居住并开设医馆和药铺,在民间行医至百岁。子张成仁,孙张宝玉,曾孙张金东、张金海、张金垒等(第四代传人)亦在马莲渠乡居住。从第二代传人张成仁开始,儿孙均从十五六岁起跟随父辈学习传统医学骨伤医疗技术。由于张氏四代长期在吴忠马莲渠行医,被当地人称为"马莲渠张接骨"。

1986年,第三代传人张宝玉,为满足各地群众对医药的需求,在马莲渠创建了"张宝玉正骨医院"。近年来,张宝玉为了承袭保护这一技艺,在吴忠市创建了"张宝玉传统骨伤专科医院",这一举措既填补了宁夏没有骨伤专科医院的历史空白,也对建立完善医学体系,提高大众健康水平,产生了积极深远的影响。

盐池县擀毡传承人路光昇正在弹毛

擀毡

擀毡是一种古老的民间技艺，指以羊毛、牦牛毛等长毛动物纤维为原料，利用毛纤维结构相互摩擦黏合制成毛毡的工艺过程。起初，这一技艺在甘肃、内蒙古、陕西、宁夏等地都有传承，而吴忠牧民以养羊者居多，羊毛纤维具有柔软、可塑性高、保暖性较好等特性，因此吴忠地区擀毡多以绵羊毛和山羊毛为原料，"毡匠"这一职业也应运而生，在明清时期尤为兴旺。

擀毡工具主要有三件，即所谓的"毡匠三件宝"：弹弓、竹帘、沙柳条。工具虽然简单，制毡工序却很复杂，包括弹毛、铺毛、喷水、喷油、撒豆面、铺毛、卷毡、捆毡连、擀连子、解连子压边、洗毡、整形、晒毡等13道工序，每道工序缺一不可。

吴忠畜牧业发达，绵羊毛质地尤其细密柔软。羊毛经过擀毡制毡，加工出的毡衣、毡帽、炕毡等一系列毡制品，具有良好的防寒隔潮效果，透气舒适，很受当地人欢迎。

吴忠市 部分非物质文化遗产 分布示意图

- 利通区
- 青铜峡市
- 红寺堡区
- 同心县
- 盐池县

国家级 非物质文化遗产名录

- 张氏中医正骨
- 陈氏中医十技法
- 同心莲花山青苗水会
- 宁夏手抓羊肉制作技艺
- 马氏济慈堂生育药剂制作技艺
- 吴忠老醋酿制技艺

宁夏手抓羊肉制作技艺

自治区级 非物质文化遗产名录

◇ **民间文学**
- 野狐岭传说

◇ **传统音乐**
- 口弦
- 花儿
- 南北佛乐大型十等法事梵呗音乐
- 古琴艺术

◇ **民俗**
- 民族服饰
- 宁夏八宝茶
- 皮影
- 燎疳民俗
- 游九曲
- 高台马社火（红寺堡高台社火）

◇ **传统舞蹈**
- 小花灯舞

◇ **传统戏剧**
- 道情（麻黄山道情）

巧儿刺绣作品

◆ **传统体育、游艺与杂技**
- 何家棍
- 杨氏拳
- 张家枪
- 南营武术杂技
- 铁柱泉张家武术
- 方棋

强家老醋

盐池县

张家枪

◆ **传统医药**
- 马氏济慈堂
- 黄氏中医养生功
- 王氏医技六法
- 传统整脊
- 传统丹药移毒疗法
- 张氏祖传医药膏方制作与疗法

宁夏八宝茶

◆ **传统技艺**
- 手抓制作技艺
- 大缸醋酿造技艺
- 民族饭庄菜系烹饪制作技艺
- 陶艺
- 扎花疙瘩布鞋制作技艺
- 羊杂碎制作技艺
  （杜优素羊杂碎手工制作技艺）
- 传统酿醋技艺
  （强家沙窝老醋）
- 手抓羊肉制作技艺
  （国强手抓羊肉制作技艺）
- 二毛皮传统制作工艺
- 手工二毛皮制作
- 手工地毯制作
- 惠安堡羊羔肉制作技艺
- 箍窑
- 糖挂子制作技艺
- 韦州馃子
  （锅盖梁子）
- 擀毡
- 花灯扎制技艺

◆ **扩展项目**

传统美术
- 刺绣
- 剪纸

传统舞蹈
- 舞龙
- 舞狮
- 盐池秧歌
- 舞龙（赵渠舞龙）

传统技艺
- 二毛皮制作技艺
  （吴忠二毛皮制作技艺）
- 宁夏刘三朵八宝茶
- 编结
- 手工酿皮制作技艺
  （盐池羊肝凉皮）

◆ **传统美术**
- 盐池民间刺绣
- 彩泥塑
- 盐池民间剪纸
- 剪纸
- 牌匾木刻
- 民间烙刻画
  （倪氏烙画）

物产

甘草

甘草是多年生草本植物，喜阴暗潮湿，多生长在干旱、半干旱的地区。甘草的根和茎可供药用，具有清热解毒、祛痰止咳等功效。

宁夏盐池县是我国乌拉尔甘草的主产区之一，也是宁夏甘草资源集中分布区和历史上"西正甘草"的主产区。由于地处鄂尔多斯台地向黄

盐池甘草种植区

土高原过渡地带，这里的野生甘草集中分布区域达15.7万公顷，占全县草原总面积的28.2%，占宁夏野生甘草资源总面积的58.3%。盐池县可发展种植甘草的优势产区达68万公顷，占全县土地总面积的80%以上。由于甘草分布面积大、储量多、品质好，1995年盐池县被国务院命名为"中国甘草之乡"，并于2008年成功注册"盐池甘草"原产地证明商标。

苦豆子

苦豆子耐旱耐碱性强，是优良的固沙植物资源。苦豆子适合生长于荒漠、半荒漠区内较潮湿的地段，如半固定沙丘和固定沙丘的低湿

苦豆子

处、地下水位较高的低湿地、湖盆沙地、绿洲边缘及农区的田边地头。同时，苦豆子富含生物碱，是重要的药用植物资源。2012年，盐池县被评为"中国苦豆子之乡"。

荞麦

吴忠市盐池县、同心县都有种植荞麦的传统。盐池县的荞麦更是享誉世界，是农产品地理标志产品。2012年，盐池县被评为"中国荞麦之乡"。

荞麦具有降血脂、防动脉硬化、提高心血管功能等多种效用。据《盐池县志》载，盐池荞麦有近千年的种植史。盐池荞麦现已形成稳定的品种，主要有盐池褐荞、苦荞、混选三号和日本北海道甜荞。

盐池县麻黄山、大水坑、惠安堡、王乐井四乡镇的荞麦生产基地，

同心荞麦种植区

种植区及周边无任何污染源，被列为全国绿色食品原料标准化生产基地。使用低毒、低残留农药生产出的荞麦营养丰富、品质高、口感好，深受消费者喜爱。同时，荞麦耐旱，属于低投入、高产出作物。

荞麦可以制作成面食直接食用，有多种做法：荞面饸饹、荞面搅团、猫耳朵、荞剁面、荞面凉粉等。荞麦系列制品深受盐池及周边地区消费者喜爱。

大米

吴忠市的利通区、青铜峡市是青铜峡大米的主要产地。吴忠大米产量高，品质优，以粒圆、色洁、油润、味香著称，其蛋白质、脂肪含量高，极富营养价值。用其蒸制的米饭，洁白如脂，粒粒晶莹，黏而不腻，油润香口。

吴忠自古有"塞上江南"之称。清康熙帝征战噶尔丹时期，也曾对青铜峡大米赞不绝口，回京后仍念念不忘，于是钦定青铜峡大米为朝廷贡米。

老醋

民以食为天，五味醋当先。在吴忠，人们喜食牛羊肉，还喜欢腌酸吃酸，醋是饮食中必备的调味品。独特的地理位置、甘甜的黄河水孕育了多种优质杂粮，这些杂粮、水稻、小麦及其副产品稻壳、麸皮都是酿醋的优质主原料，吴忠老醋也应运而生。

走进吴忠，自己酿醋的人家不在少数，而金积大缸醋、强家沙窝老醋以其历史悠久、醋香浓郁成为杰出代表。早在清末、民国时期，吴忠人便以熏蒸及液态发酵方式酿醋，兴起了一批如徐家寨子大缸陈醋、

"万盛兴""鸿盛德"等字号的醋坊。"家家有醋缸,人人当醋匠"描述的便是当时的鼎盛景象。改革开放后,强海峰、强家骐、徐笛生、徐东涛等人将传统的制醋工艺传承至今,开发新的品种,使其焕发出新的活力,影响力覆盖全国。

吴忠老醋经过百余年的传承与发展,形成了一套与现代科学相匹配、以手工技艺为基础的传统老醋酿造技艺,在中国酿醋史上独树一帜。2021年,吴忠老醋酿制技艺被列入第五批国家级非物质文化遗产代表性项目名录。

亚麻籽油

亚麻也称鸦麻,人类从几千年前就开始栽培。在中国,"亚麻"药用之名始载于宋代苏颂编的《本草图经》,此后历代本草多有著录。

吴忠老醋酿制

  吴忠市是中国亚麻籽主产区之一，种植区域主要分布在红寺堡区、盐池县、同心县、利通区孙家滩开发区等地的旱地，这里所生产的亚麻籽品质极佳，亚麻籽油中的 α-亚麻酸含量超过 55%，是亚麻籽油中的珍品。

  通过多年发展，吴忠市已形成以宁夏君星坊食品科技有限公司为龙头的亚麻籽油产业集群。君星坊、国海、国军、苏酥、伊盛达、索米亚、金福莱等 30 多个亚麻籽油产品和品牌屡获国家级金奖，受到国内乃至国际消费者的普遍认可。当地研发的亚麻籽营养膳食补充剂、固体饮料和亚麻籽油咀嚼片、代餐粉等新产品相继问世并畅销多地。自 2017 年至今，吴忠市亚麻籽油产业已形成授权发明专利 3 项、授权实用新型专利 34 项，开发新产品 10 余种，新技术、新产品、新业态、新模式层出不穷、发展迅猛。

美食

吴忠早茶

吴忠历史源远流长，多元文化交相辉映，素有"水旱码头，天下大集"之美誉。早在汉代，这里就资源丰沛，商业发达，到明代时已成为陕西、甘肃、青海、内蒙古等地的重要物资集散地。2000多年的建城史，奠定了吴忠包容共存、和谐共生的文化基因，成为吴忠早茶文化底蕴的母体。据史料记载，吴忠人自古就有喝早茶的习俗，但过去的早茶相对简单。

随着时代的变迁、社会的融合和文化的传承，吴忠早茶日益发展成熟，文化愈加多元，形式日益丰富，既有南方的钟灵毓秀，又具北方的粗犷豪放，是长城文化、长征文化和黄河文化相互交融的产物，成为中华优秀传统文化生生不息、代代相传的生动写照。

如今，汇集特色美食，融合休闲生活，集饮食品鉴、社交、养生等多元素于一体的早茶文化，已成为吴忠市新的城市名片和文化符号。吴忠市被授予"早茶文化地标城市""西部美食地标城市""中国

拉面

面食培训基地"称号,自2021年开始已连续3年举办早茶美食文化节。截至2022年,全市拥有早茶餐饮门店586余家,早茶餐饮年销售收入10亿元以上,涌现出一批品牌连锁名店,已成为吴忠新的经济增长极。

八宝茶

八宝茶是吴忠人民日常生活中一种必不可少的饮品,宁夏人美其名曰"回家茶"。八宝茶起源于唐代,盛于清代,至今已经有上千年的历史,相传是回族的祖先在迁徙过程中研发的。他们发现,在喝茶时放入红枣、沙枣、枸杞、葡萄干、桃仁、桂圆、芝麻、白砂糖八样食材,用滚烫的水冲制出来的茶喝起来香甜可口、滋味独特,并有滋阴润肺、

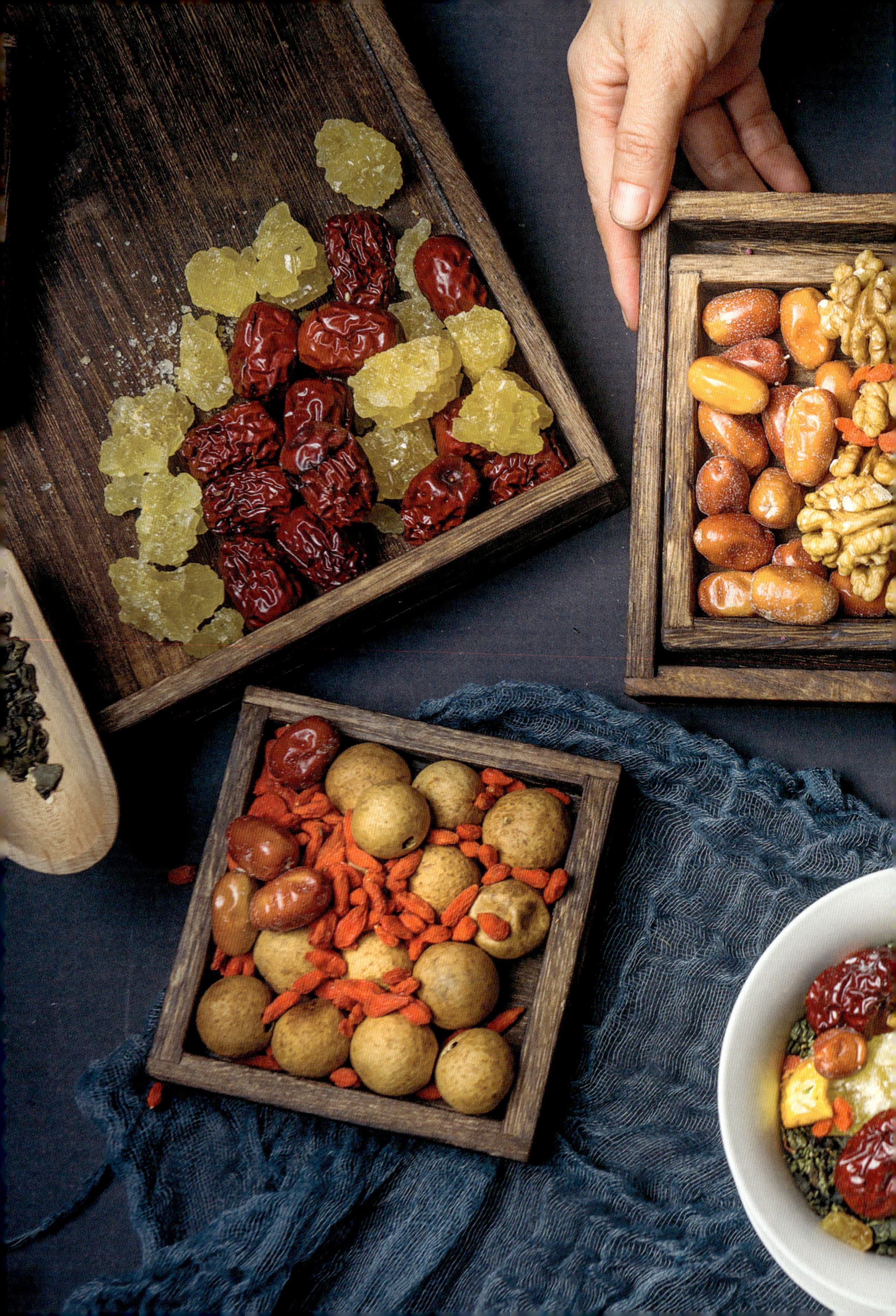

八宝茶配料

清嗓利喉之功效，八宝茶因此得名。

在吴忠，八宝茶也称为盖碗茶。盖碗，民间也叫盅子，由茶盖、茶碗和茶托三件组成，盖为天，托为地，碗为人，所以又称"三泡茶""盖碗茶""三炮台"。

如今，吴忠的八宝茶文化也随着社会的变迁而发展，八宝茶由回族居民招待亲朋必备饮品，演变成了一种商品。在婚娶喜庆时，将八宝茶作为喜包包装，当作礼品互相赠送也成为一种时尚，体现了吴忠的地方文化特色。

手抓羊肉

手抓羊肉是我国蒙古、藏、回、哈萨克、维吾尔等民族喜爱的传统食物，有近千年的历史。"手抓"一词，起源于古代沿街摊点售卖煮熟的羊肉，吃者以手抓食之，故此得名。

宁夏手抓羊肉具有鲜、嫩、香三大特色，以及油而不腥、不膻不腻等特点，是宁夏美食体系中最有特色和代表性的一道名吃。2018年，宁夏手抓羊肉入选"中国菜"之宁夏十大经典名菜。2021年，宁夏手抓羊肉制作技艺被列入第五批国家级非物质文化遗产代表性项目名录。

"说起手抓，想起宁夏""客人来了，不吃顿手抓，枉来宁夏"，现如今，手抓羊肉几乎成了宁夏饮食文化的代表。宁夏手抓羊肉，最地道的是在吴忠。

吴忠手抓羊肉常用宁夏滩羊肉，一般选用羯羊，以羯羊羔最佳。当地多深山大沟，干旱少雨，牧草含水量少，喂养出的羊膘肥肉嫩，羊肉肉质纤维少且细腻，含有丰富的蛋白质及多种微量元素。吴忠手抓羊肉均带骨，一般切成条形或块状，做法、吃法很多，各具特色，风味不同。

羊杂

羊杂，又称"羊下水"或"羊下脚"。历史上，我国有"下水不上宴"之俗，清代继"满汉全席"之后，兴起了"全羊席"，即"全羊大菜"，之后人们对羊杂的看法始有改观。

羊杂，本来是不被人们重视的食材，但经精心烹制，下脚料也变成了美味佳肴。在吴忠，羊杂既是风味小吃，又是宴席上的传统名肴。吴忠的杜优素羊杂因制作独特、历史悠久而远近闻名。

碗蒸羊羔肉

在同心一带，碗蒸羊羔肉是一道特别受欢迎的菜。每逢婚丧嫁娶等重要日子，这道菜通常都会是宴席上的大菜，主人常用它来招待客人。这道菜是蒸制而成，葱香味和十三香的味道较为突出，蒸制既保证了羊肉鲜嫩的口感，又让营养较少流失。

碗蒸羊羔肉的做法，是取羊羔肉若干剁成小块，反复清洗干净、控水后，加入小红葱末、姜末、十三香、盐，再加入适量胡麻油拌匀，放

碗蒸羊羔肉

入碗内，大火蒸制约 40 分钟。上桌前，用蒜片、香菜末点缀即可。

做好的碗蒸羊羔肉，碗中会有很多汤汁，这是蒸制过程中羊肉自身渗出来的肉汁和凝结的水蒸气。碗蒸羊羔肉入口酥软，味道鲜美，令人口齿留香。

搅团

荞面搅团在吴忠市盐池县、同心县及红寺堡区广受欢迎。搅团做法简单，在米汤里撒上荞面，用擀面杖顺着一个方向搅拌即可。"搅团要好，七十二搅"，意思是搅拌时间越长，口感越筋道，这其实是因为搅拌时间越长，米汤和面混合得越匀称。

吃搅团要蘸汤，一种是臊子汤，一种是酸汤。臊子汤一般用羊羔杂碎汤。羊羔杂碎鲜嫩，汤里放上韭菜和红油辣椒面，色香味俱佳。酸汤大都用酸菜浆水做，纯酸菜浆水太酸，要兑水，汤水里放酸菜、土豆丝、腌制的苦苦菜，再放入少量咸韭菜，最后把油炸辣面子往汤里一调，油花和辣子就漂在汤面上，油花淡黄色，辣子红紫色，细碎的咸韭菜叶子伴随着油花和辣子漂来漂去，酸辣苦味齐全。

搅团的吃法有"水围城""漂鱼儿"之说。吃搅团时，把搅好的搅团盛在一个大盘子里，汤盛在小碗里，一人一份，调料有辣子、醋、盐、蒜、咸韭菜，可根据个人爱好适当调配。盐池人吃搅团会把汤调得色香味俱全，让人垂涎欲滴，食欲大增。夹一块搅团放到汤里，搅团立马被汤水浸泡，吃起来绵软筋道，特别舒畅。

荞面摊馍馍

荞面摊馍馍是盐池县的传统特色小吃。其做法是，将荞面和成硬面团，加上冷水后用手反复揉成稀糊状，把锅烧至七八成热，刷上清油，再用勺子把面糊均匀地摊在锅里，烙熟后即可食用。摊荞面馍馍讲求技术，一是面糊稀稠要适中，二是往锅里摊时薄厚必须均匀，以薄为佳。

吃荞面摊馍馍，一般配羊肉臊子汤。一堆摊馍馍被摆在桌子中央，取一张泡到羊肉汤里。等摊馍馍在汤碗里翻来覆去、充分吸收了臊子汤的汤汁之后，再送进嘴里。一口咬下去，松软的摊馍馍在牙齿之间发出吱吱的声音，令人回味无穷。

刺壳子

刺壳子也是一种盐池县流行的荞面小吃。其做法是，将荞面和好后，搓成小拇指粗细的长条，掐一小块放在手掌上，用另一只手的大

特色面点

拇指一搓，就搓好了一个刺壳子。不一会儿工夫，一大堆刺壳子就堆在案板上了。

为什么叫刺壳子呢？因为制作时要用大拇指刺，刺成后就是一个小面卷，这小面卷状如壳子，刺壳子的名字就这样叫响了。外地人有把这种食物叫猫耳朵的。猫耳朵，只是形容了刺壳子的形状，远不如叫刺壳子贴切，既有静态感，也有动态感，而且猫耳朵一般是用白面做的，与荞面做的刺壳子完全是两种味道。

饸饹面

饸饹面，是一种传统特色面食，流行于中国北方地区，包含晋冀鲁豫陕甘宁等省区。盐池人在办红白喜事时，早餐一般用饸饹面来招待客人。

盐池县的饸饹面风味特别，是吴忠著名的风味小吃。做饸饹面时，制作者先把和好的荞麦面放在饸饹床子（做饸饹面的工具，底部有若干大小均匀的漏孔）里，将饸饹床子架在锅上，用力挤压荞麦面团，面团便通过漏孔变成长面条，直接落入锅里。面条煮熟后捞进羊肉臊子汤里，肉汤一般用肥瘦相间的当地滩羊肉、白萝卜丁、土豆丁制作，连汤带面，一起吃完，筋道爽滑，令人口齿留香。

宁夏各地的饸饹面，一般均选用盐池县产的荞面制作，否则煮出的饸饹面常常因不够筋道而节节寸断，不但看起来不好看，而且吃起来粘牙。羊肉臊子汤中的羊肉，也以盐池的滩羊肉最佳，肥而不腻，不柴不膻。

荞面饸饹面

吴忠美食图谱

手抓羊肉

色泽白里透红，鲜嫩味美，不腻不柴，是颇享盛名的地方风味菜

做法

精选本地羯滩羊，体重20千克为佳，剥皮，去头、蹄和内脏，不剔骨。入锅前，先放入冷水中浸泡两小时左右。冷水下锅，用旺火烧开，撇净浮沫，放入花椒和姜片等调料。改置微火慢煮，待肉熟后捞出晾凉，吃时撒盐，羊后件部分用刀片成薄片，前件顺肋骨切成长条，均带骨

手抓羊肉

风味杂碎

红润油亮，汤辣味鲜，肉烂适口，是最受吴忠人民欢迎的风味小吃

做法

以新鲜羊杂碎为原料，将羊的头、蹄、心、肝、肠、肚按不同要求和方法加工洗净。羊肺用清水反复清洗，灌入面糊，做成面肺。将准备好的材料煮熟晾凉，切成细条或斜刀段并混合均匀。最后，用鲜羊肉汤加调料烩制而成

风味杂碎

碗蒸羊羔肉

肉烂汤清，鲜香味美，是吴忠同心一带特色美食

做法

将本地带骨的滩羊羔肉剁成小块，冷水洗净，控去水分，加酱油、花椒水等腌渍入味。将腌制好的肉分装到小碗，上锅大火蒸制约40分钟，出笼后撒上葱花、香菜末

碗蒸羊羔肉

吴忠白水鸡

色泽黄亮，鲜嫩清香，味道醇厚，此菜尤以吴忠一带选料考究，制作精细而颇享盛名

做法

用陈年老汤（即经常煮鸡的汤）热化后，滤去渣子澄清，将白芷、花椒、姜片等装入干净白纱布袋待用。鸡冷水下锅，旺火烧开，放入调料包，文火煮熟，捞出晾凉，再取熟鸡油涂抹整只鸡身，使鸡皮发亮。吃时将鸡带骨剁块、装盘

吴忠白水鸡

吴忠美食图谱

【 主食 】

- 肉粘饭
- 羊肉臊子面
- 荞面摊馍馍
- 荞面饸饹面
- 荞面搅团
- 馓子
- 炒糊饽
- 荞面凉粉
- 炸油香
- 烩小吃
- 生煎韭菜合子
- 盐池羊肝凉皮
- 糖糕

【 肉类 】

- 炝锅鱼
- 焖肚子
- 梅花汤肚
- 碗蒸羊羔肉
- 手抓羊肉
- 吴忠白水鸡
- 酥椒牛排
- 烤全兔
- 绝味羊腿
- 烩羊杂
- 蒜汁羊蹄
- 羊头大拼

生煎韭菜合子

盐池羊肝凉皮

糖糕

羊肉臊子面

肉粘饭

绝味羊腿

酥椒牛排

蒜汁羊蹄

炝锅鱼

羊头大拼

烤全兔

焖肚子

保护开发

陕甘宁盐环定扬黄工程
红寺堡移民
草原生态建设
青铜峡水利枢纽工程

陕甘宁盐环定扬黄工程

陕甘宁盐环定扬黄工程（以下简称盐环定扬黄工程）地处毛乌素沙漠边缘，作为国家"八五"重点建设项目，是为解决革命老区陕西定边、甘肃环县和宁夏盐池县、同心县等部分地区人畜饮水困难问题，同

盐环定扬黄工程输水渡槽

宁夏盐环定扬水管理处和宁夏水利水电工程局青年职工代表进行安全宣誓

时防治地方病，改善生态环境，并在条件适宜地区发展灌溉的多级电力扬水工程，被誉为"亚洲最大的人畜饮水工程"，2023年入选"人民治水·百年功绩"治水工程项目名单。该工程北起吴忠市盐池县的马儿庄，西至吴忠市同心县的韦州镇，南至甘肃省环县县城，东到陕西省定边县的安边镇，总面积10121平方千米。

盐环定扬黄工程由三省（区）共用工程和各省（区）专用工程两部分组成。

共用工程在青铜峡河东灌区东干渠31+200处建站抽水，经八级扬水至盐池县境内的老盐池进入灌区。渠道先后一分为三：一条向南经惠安堡到李家大庄泵站前池进口接甘肃专用工程；一条向东经龚儿庄、三道井到盐池县城，在牛家小口子分水闸接陕西专用工程；一条为宁夏专用线，经红墩子隧洞出口一号分水闸向西跨苦水河直达同心县韦州镇。共用工程于1988年7月正式开工。1993年，1～8泵站、1～8干渠通水，使盐池县马儿庄、老盐池、南梁一带的土地得到灌溉，饱受风沙、干旱、苦氟水之害的人民喝上了优质的黄河水。1996年9月，盐环定扬黄工程共用工程通过竣工验收。

宁夏专用工程于2004年10月完成。

盐环定扬黄工程建成投运20多年来，对改善当地人民群众的生存条件起到了重要作用，其社会效益、经济效益、生态效益显著，但因初期工程建设标准低、设备老化等原因，长期处于小流量运行。在水资源匮乏、用水量骤增的情形下，盐环定扬黄工程存在供水能力达不到设计标准、供水成本居高不下、"小马拉大车"等问题。

水利工程是惠及千秋万代的民生工程，为使盐环定扬黄工程更好地发挥作用，2008年，盐环定扬黄续建工程开启，并于2011年投入使用。然而，随着受水区人民用水量的不断增加，续建工程的供水能力明显不能满足人民的用水需求，供需矛盾日益增大。2016年春节前夕，李克强来宁夏考察后，决定实施盐环定扬黄工程更新改造项目，由此拉开了扬黄工程升级改造的序幕。当年9月，盐环定扬黄工程更新改造项目开工建设。

这次升级改造的定位很明确，即以科技支撑工程提档升级，以提高供水效率、打造现代化灌区为目标。在工程辐射范围内，建设高标准生态长廊，进一步提高扬黄工程对生态环境建设的贡献度。2018年4月，盐环定扬黄工程完成升级改造，投入运行。改造后的盐环定扬黄工程，由原来的18座泵站精简到13座，单座泵站的供水扬程也由以前的三四十米提高到近百米，供水效率大幅提高。盐环定扬黄工程供水范围辐射陕甘宁三省（区）的定边、环县、盐池、同心、利通、红寺堡6县（区）以及太阳山开发区，年引水量达1.23亿立方米，最大流量为10.5立方米/秒，为工程设计供水规模的90%以上，涵盖人饮、农业、工业、生态等多

宁夏盐环定扬水管理处泵站

领域供水，受益人口达 61.2 万人，并发展了 40 万亩农业灌溉区。

　　盐环定灌区各县（区）大力宣传推广高效节水灌溉技术，积极引导群众调整优化种植结构，压减高耗水农作物种植面积，并采用喷灌、滴灌等高效节水技术，成规模种植玉米、优质牧草、青贮饲料、黄花菜等，逐步实现了水肥一体化。高效节水灌溉技术的实施，使灌区干渠直开口亩均配水量由 2010 年的 306 立方米减少到 2020 年的 215 立方米，灌区农业增产、农民增收，经济效益显著。2020 年，灌区完成高效节水灌溉面积 38.45 万亩，占工程设计灌溉面积的 90.5%。随着设施农业、黄花菜、药材等滴灌、喷灌高效节水灌溉项目的快速发展，灌区较改造项目投运前，粮食年产量由 0.4 万吨增加到 22 万吨，增长了 54 倍；农民人均可支配收入由 328 元增加到 12127 元，增长了近 36 倍。同时，依托盐环定扬黄工程，盐池县 200 多万亩沙化土地全部得到有效治理，50 万亩流动沙丘得以基本固定，300 万亩以上的明沙丘基本消除，林木保存面积达到 425 万亩。昔日的荒漠变成了阡陌纵横的绿洲，生态环境实现了人进沙退的根本性逆转。

红寺堡移民

吴忠市红寺堡区，是宁夏为贯彻落实《国家八七扶贫攻坚计划》和《宁夏双百扶贫计划》、解决宁夏中南部山区贫困群众脱贫问题而建设的大型移民区，是宁夏扶贫扬黄灌溉工程的主战场。

1995年12月，国务院批准宁夏扶贫扬黄灌溉工程立项并将其列入国家"九五"计划。该工程原计划搬迁安置宁夏中南部山区贫困人口100万、配套开发水浇地200万亩、投资30亿元，用6年时间建成，简称"1236"工程。之后，由于生态承载力有限等原因，这个工程的内容作了一定程度的调整。

1996年5月，宁夏扶贫扬黄灌溉工程奠基。1998年，宁夏扶贫扬黄灌溉工程建设指挥部在吴忠市红寺堡区实施移民试点工作。1998年6月19日，宁夏回族自治区人民政府决定设立宁夏扶贫扬黄灌溉一期工程吴忠市红寺堡开发区，吴忠市红寺堡开发区包括整个红寺堡灌区。1999年1月，吴忠市红寺堡开发区工委正式挂牌成立。

第一轮移民的10余年，正当吴忠市红寺堡区的初创时期。1999年

10月，自治区人民政府出台了《宁夏回族自治区红寺堡开发区移民搬迁安置工作办法》，具体规定了移民地域和搬迁条件。移民区域主要指同心、海原、西吉、固原（今固原市原州区）、彭阳、泾源、隆德7县生活在贫困带上的农户，大致包括三种地域的人群：一是生活在高寒、土石山区和干旱带上，且就地脱贫无望的农户；二是必须退耕还林还牧、封山育林以及水库淹没区的农户；三是中宁县的部分农户。在搬迁比例上，山区各县移民中的贫困户不得少于70%。移民条件清晰具体，一是具有宁夏常住户口、户主智力健全、有一定劳动能力和艰苦创业精神；二是人均旱作耕地不足4亩，或本地降水稀少、人畜饮水困难、交通不便，人均年收入500元以下；三是积极执行计划生育政策。根据这一政策，计划从海原县搬迁6544户31673人，从西吉县搬迁6544户30724人，从隆德县搬迁3961户17808人，从彭阳县搬迁3323户

荒原开发

移民工程之基础设施建设

16313人，从泾源县搬迁3462户15873人，从固原县（今固原市原州区）搬迁253户1267人，从中宁县搬迁284户1422人，从同心县搬迁1334户6204人。截至2008年年底，基本完成第一轮移民安置任务，累计安置移民39977户196779人，与原计划的25615户121304人相比，增加了14362户75475人。

2009年，国务院批准设立吴忠市红寺堡区，行政区域面积2767平方千米。现辖2镇、3乡，1个街道办事处，64个行政村，8个城镇社区。

2012年，吴忠市红寺堡区开始第二轮移民。这轮移民主要来自原州区和同心县，两县移入7208户31500人。第二轮移民，是在10余年前第一轮移民基础上进行的，经验更为成熟，管理更为科学，移民的脱贫致富有了更多的渠道支撑，包括各种政策扶持。目前，吴忠市红寺堡区是

红寺堡区移民搬迁扶贫工程

全国最大的单体易地搬迁生态移民集中安置区，有回、汉、东乡、保安等14个民族，至2022年年底，吴忠市红寺堡区常住总人口为20.18万。

历经20余年的艰苦奋斗，吴忠市红寺堡区经济、社会、文化、生态等各项事业都取得了显著成就，来自宁夏南部山区的20多万生态移民逐步走上了脱贫致富的道路。2020年，吴忠市红寺堡区退出贫困县序列，实现了"搬得来、稳得住、逐步能致富"的目标，"共产党好，黄河水甜"成为吴忠市红寺堡区生态移民的共同心声。

吴忠市红寺堡区的设立，是我国政府反贫困战略的典型范例，是党中央、国务院对宁夏人民的亲切关怀和国家有关部委大力支持的结果，也是宁夏回族自治区党委、政府多年致力于宁夏南部山区扶贫战略实施，造福当代、惠及后人的重大战略脱贫致富工程，将永载宁夏移民史册。

草原生态建设

畜牧业是吴忠市盐池县、同心县等地重要的传统产业。然而由于过度放牧和垦殖，这些地方的草畜矛盾日益突出，草原生态系统严重失衡，严重危害着人类赖以生存的绿色环境。

为了加快草原生态建设，遏制草原退化和沙化，2002年的宁夏回族自治区第九次党代会从宁夏经济、社会、生态协调发展的高度出发，提议抢抓机遇，加快生态建设步伐，提出先"绿起来"、后"富起来"的发展思路。在对宁夏草原生态环境进行了全面考察和充分调研的基础上，2002年8月上旬，自治区党委、政府在盐池县召开了全区生态建设工作会议，出台了《关于加快中部干旱带生态环境建设与大力发展草畜产业的意见》，作出了2003年5月1日起全区草原全面禁牧的决定，确立了"围、禁、退、种、移"的草原生态建设"五字方针"，随后采取了一系列种草养畜的政策措施。

吴忠市各县（市、区）相继召开了生态建设动员大会，建立组织机构，进行调查摸底，制定了生态建设及草畜产业发展规划，并根据各地

禁牧封育

的实际情况，确定了禁牧封育的时刻表。全市各地把禁牧封育作为工作重点，总揽草畜产业发展。

按照自治区的要求，吴忠全境如期禁牧。2003年，全市28.3万公顷草场实现围栏封育，36.7万公顷草原被单户承包或联产承包。人工种植紫花苜蓿达到5.5万公顷，柠条达到16万公顷。全面完成了自治区与吴忠市签订的防沙治沙目标责任书任务。全市累计治理沙漠化土地23.3万公顷，治理区植被覆盖度达到65%，部分地区流动沙丘经治理后变为现在的固定沙地，中部干旱带生态环境得到进一步改善。

在草场围栏封育的基础上，吴忠市严格落实禁牧封育目标责任制和定期巡查通报制，加大草原保护执法力度，使禁牧封育有序推进，草原保护取得了实质性的进展，至2015年，草原沙化面积较禁牧前减少了

14.5%，中度、重度沙化面积减少了33.5%，草原植被明显恢复。盐池、同心、红寺堡三县（区）退耕地造林9333公顷，宜林荒山荒地造林2.5万公顷。全市退耕还林工程造林累计达到26.9万公顷。

2020年，吴忠市被生态环境部授予国家生态文明建设示范市，成为宁夏首次入选国家生态文明示范市的城市，为宁夏其他市、县、区生态文明建设作出表率。

近年来，吴忠市进一步引导广大农民群众遵纪守法，自觉禁牧，取得了良好效果。为加快移民迁出区生态恢复，吴忠市科学编制《吴

忠市移民迁出区生态恢复实施方案》。到2021年，封育管护覆盖面达到100%，移民迁出区生态环境得到明显改善。在禁牧封育和退耕还林还草方面，重点对青铜峡西部，同心东部、南部荒漠地带和盐池西部、北部明沙丘进行治理，坚持人工造林与封育管护相结合，推进防沙治沙和生态修复。2016—2022年，减少荒漠化面积12.56万公顷，新增水土流失治理1913.48平方千米。同时，加快吴忠市黄河湿地公园、青铜峡库区湿地保护与恢复等项目建设，现有湿地面积67.8万亩。

生态修复成效明显

青铜峡水利枢纽工程

"天下黄河富宁夏",宁夏地区引黄灌溉已有2000多年的历史,著名的秦渠、汉延渠、唐徕渠、惠农渠等,均由青铜峡引水灌溉。中华人民共和国成立以前,青铜峡引水灌溉农田150万亩,但由于渠道均系自流引水,引水高程不够,无法保证灌溉水量,难以扩大灌溉面积。

1954年,《黄河综合利用规划技术经济报告》将青铜峡工程列入第一批修建计划。1958年8月26日,青铜峡水利枢纽工程正式开工建设,宁夏各族人民积极投身工程建设,他们肩挑锹挖,用最原始的办法,一块块地把沙石泥土移走,谱写了战天斗地的时代颂歌。青铜峡水利枢纽是宁夏当时唯一的大型水利枢纽,也是宁夏各族人民在共产党领导下利用自然的伟大创举。

青铜峡水利枢纽有98个闸孔、89个闸门,坝长666.75米,高42.7米,水库面积113平方千米,工程决算总投资为2.5582亿元,是集发电、灌溉、防洪于一体的大型水利枢纽工程。该枢纽工程抬高黄河水位18米,确保了引黄灌区秦渠、汉延渠、唐徕渠、西干渠、惠农渠

2010年的青铜峡水利枢纽

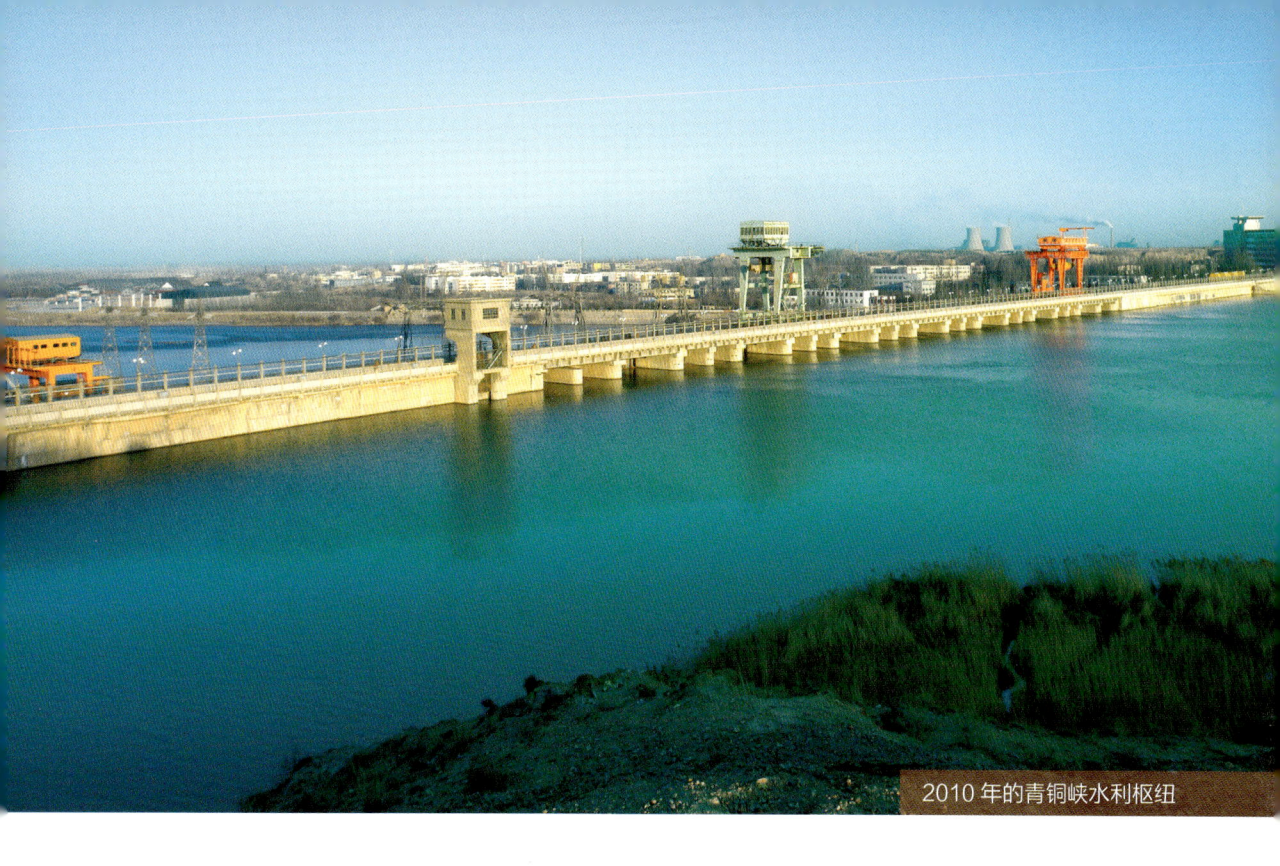

等骨干渠道引水无虞，结束了宁夏平原2000多年无坝引水的历史。古代五条渠道靠近黄河边上的多首渠被改成自青铜峡大坝直接取水的一首制，从而使渠系免去了洪水和枯水的威胁。

青铜峡水利枢纽工程建成后，对宁夏地区的国民经济特别是农业的发展，发挥了重大作用。首先，通过水利枢纽工程抬高了水位，可保证灌溉用水，在水库未淤积前，可利用水库3亿～4亿立方米的容积，调节增大5—6月份的灌溉流量（平均每月可增大70～100立方米/秒），这对宁夏、内蒙古地区的灌溉都有很大好处；其次，灌溉面积扩大到600万亩，为原有灌溉面积的4倍；再次，随着东、西总干渠的建成，原有多首渠系改为单首渠系，为调整现有灌渠系统、发挥灌溉流量的效益，提供了极为有利的条件。

青铜峡水电站发电后，为冶金、化工、煤炭、机床、农机、纺织、电子等现代工业提供了充足的电力，青铜峡水利枢纽工程成为宁夏电力网的中枢，使过去工业基础薄弱的宁夏，迅速发展起现代工业。1973年，灌区95%的生产队通了电，全区工业总产值比青铜峡水电站发电前的1966年增长了三倍多。此外，枢纽建成后还免除了每年春季渠首的大量岁修与干渠清淤工作。由于水库的蓄水作用，避免了宁夏境内的黄河凌汛，再与上游刘家峡等水库配合，还可减轻内蒙古境内的凌汛灾害。

1974年9月15日，新华社报道：由中国自己设计、建造的黄河青铜峡水利枢纽工程已经基本建成并发挥显著效益。同年9月17日，《人

民日报》发表通讯稿《英雄战黄河　塞上添明珠》，将青铜峡水利枢纽工程赞誉为"塞上明珠"。

1978年，青铜峡8台机组全部安装完毕；1993年5月，又修建了唐渠电站（9号机组），工程于1995年7月投入运行。至此，青铜峡水电厂装机达到9台，总装机容量达30.2万千瓦，成为世界上最大的闸墩式水电站之一。2019年，青铜峡水利枢纽全年发电量达到历史最高的15亿千瓦时，累计发电400多亿千瓦时。

俯瞰青铜峡水利枢纽

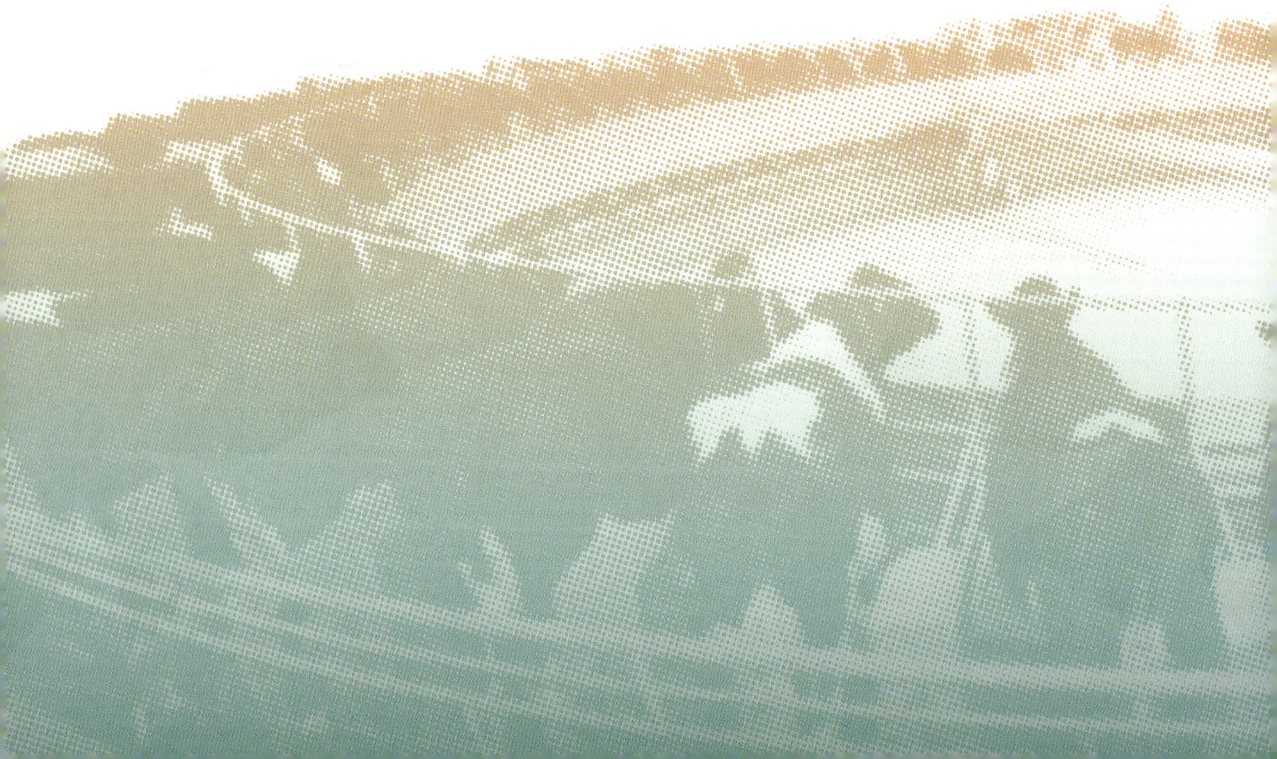

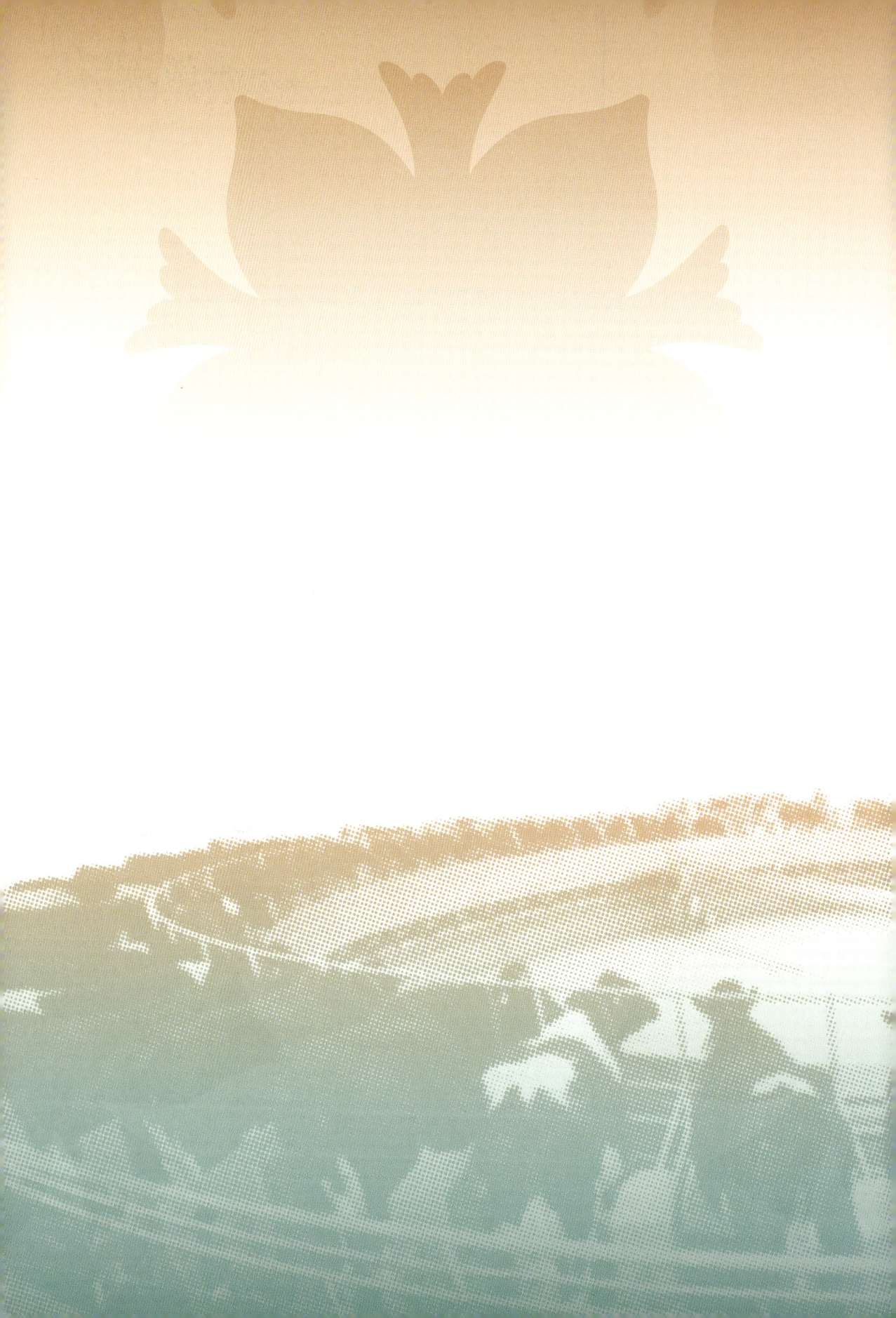

产业新篇

青铜峡大米
葡萄酒产业
牛奶产业
盐池滩羊
特色餐饮
清洁能源
现代工业

青铜峡大米

宁夏位于北纬38°线上，因无霜期长、昼夜温差大、年日照时数长，非常适合种植农作物，尤其是水稻。据《宋史》记载："其地饶五谷，尤宜稻麦。"

天下黄河富宁夏，黄河最恋是吴忠。吴忠市位于宁夏平原腹地，自古有"塞北江南"之美誉，是全国著名的商品粮基地。引黄古灌渠见证了吴忠"自流灌溉"润泽万顷田畴、富足千年百代的黄河文明史，绘就了"塞上江南、鱼米之乡、天下粮仓"的壮美画卷，已被列入世界灌溉工程遗产名录。

吴忠市青铜峡市，地处宁夏引黄灌区的精华地带，地势开阔，土壤肥沃，沟渠纵横。得益于黄河的恩赐，灌溉条件得天独厚，青铜峡成为宁夏优质粮食主产区，"青铜峡大米"香飘九州，是中国地理标志产品。

青铜峡水稻的种植历史逾千年，秦渠、汉延渠、唐徕渠等黄河九大干渠纵横浇灌，青铜峡大米在清代曾居"贡米"之列，被誉为"朔方贡米"，又被称作"珍珠米"。大米颗粒圆润，有羊脂玉色泽，口感筋

青铜峡大米

道，粒粒皆香，即使不配菜，一碗白饭也吃得爽口。

青铜峡市叶盛镇位于黄河上游，是种植稻米的上乘地区。由于黄河灌溉充足，这里的土壤有多种矿物质与微量元素淤积沉淀，所产稻米营养元素高且富含硒元素，是全国少有的水稻高产优质生产区。叶盛大米不仅产量丰盈，而且品质优良，具备粒圆、色洁、油润、味香四大特点，其蛋白质、脂肪含量尤高，极富营养价值。用其蒸制的米饭，洁白如脂，粒粒晶莹，黏而不腻，油润香口。叶盛镇地三村是"叶盛贡米"的原产地，用地三村种植的水稻加工后的精米，光映半透、粒圆饱满，是款待亲友及送礼的佳品。

目前，青铜峡市大米加工企业达35家，认定大米加工农业产业化龙头企业10家，每年创造综合产值40亿元，带动2.85万户农户增收近亿元。青铜峡市已形成以塞外香、正鑫源、法福来等6家"青铜峡大米"国家地理标志授权龙头企业为主的产业集群，通过"企业+基地+种植大户"模式，进行统一标识、统一订单、统一收购，实现企业与农户无缝对接，有效促农增收。

葡萄酒产业

近年来，吴忠市坚持抓基地、建酒庄、强品牌、促融合，全力推进葡萄酒产业高质量发展，葡萄酒产业已成为吴忠市农业高质量发展的一张紫色名片。2022年，全市葡萄酒产量为5.8万吨（5500万瓶），销售额共计4.92亿元，实现综合产值139亿元。

吴忠市从20世纪90年代开始发展葡萄酒产业，经过30余年的发展，已形成贺兰山东麓的青铜峡、罗山两侧的红寺堡和同心3个子产区，建成酒庄45家，占宁夏全区的35%；酿酒葡萄种植面积28万亩，占全区的50%，葡萄酒产业每年带动生态移民及产区周边农户务工增收3.3亿元。酿酒葡萄在贺兰山东麓和罗山两侧形成了绿色生态屏障，实现了荒漠变绿洲，既建设了明星产区，又改善了生态环境，增加了农民收入，践行了"绿水青山就是金山银山"的理念。

吴忠市葡萄酒企业坚持"好葡萄酒首先是种出来的"理念，严格按照《贺兰山东麓产区酿酒葡萄苗木生产技术规程》和《贺兰山东麓产区葡萄园建园技术规程》等标准建设酿酒葡萄基地，近3年改造低产葡

采摘葡萄

萄园 5 万亩，技术到位率达 95%，亩产均在 500 千克以上，高标准建设酿酒葡萄基地 6.5 万亩，种植了赤霞珠、美乐、西拉、马瑟兰、小芒森等 17 个品种，培育了质量优良、管理规范、生态美观的贺兰山东麓列级酒庄 17 家。

吴忠市注重将产区优势与史前遗址、边塞长城、红色文化、生态移民等文化元素融合，已注册"千红裕""罗山""红寺堡""甘城古堡""皇蔻""西鸽"等具有地域特色和文化内涵的葡萄酒商标 90 个，创建国家 3A 级旅游酒庄 1 家，2A 级旅游酒庄 3 家，正在打造青铜峡鸽子山葡萄酒文化旅游小镇、红寺堡肖家窑葡萄酒生态产业镇、罗山东麓韦州葡萄文化创意产业镇，促进葡萄酒与文化旅游等产业融合发展。

吴忠市坚持政府主打产区品牌，酒庄主打产品品牌，产区葡萄酒已在品醇客、布鲁塞尔等葡萄酒大赛上斩获 618 个奖项（其中大金奖和金奖 308 个）。吴忠市组织酒庄参加全国（成都）春季糖酒商品交易会、中国高端酒展览会、中国（宁夏）国际葡萄酒文化旅游博览会等专业酒类展会，持续在全国大中城市举办专场宣传推介会，在全国一、二线城市设立了 17 家宁夏特色优质产品展示展销中心葡萄酒销售专柜，与京

东集团合作启动运营了产区葡萄酒京东馆,与高校合作开发运营了宁夏贺兰山东麓葡萄酒吴忠产区智能获客系统等。吴忠市红寺堡区被中国商业企业管理协会授予"中国葡萄酒第一镇"称号;被世界OIV组织认定为"宁夏优质酿酒葡萄明星产区的精品区""中国最具发展潜力葡萄酒产区"。营销渠道不断拓宽,产区品牌影响力明显提升。

青铜峡酒庄

牛奶产业

吴忠市坚持系统谋划、统筹推进，不断提升产业附加值、提高产业集中度，形成饲草种植、奶牛养殖、乳品加工、印刷包装、冷链物流等上下游贯通的全产业链，牛奶产业已成为吴忠市一二三产业融合的典范，这里被业界誉为"奶牛的天堂、乳企的福地"。

吴忠市牛奶产业从20世纪70年代起步，经历了从散养到园区再到规模化养殖场的转型升级，实施"出户入园、引牛上山"，规模化养殖比例达到98%，高于全国平均水平30个百分点。

2022年，吴忠市投资33亿元，建成水电路林网等基础设施配套的三大奶牛养殖基地核心区——利通区五里坡、吴忠国家农业科技园区、青铜峡市牛首山。基地日供水能力6.8万方，供电容量4.2万千伏安，道路硬化241千米，绿化面积3万亩，栽种树木800万余株。

吴忠市推行"种养结合，循环发展"，规模养殖场粪污处理设施配套率达100%、粪污资源化利用率达95%以上。完成饲草基地布局，形成以利通区、青铜峡市为主，以盐池、同心、红寺堡及周边地区为补充的优质饲草基地70万亩，青贮玉米基本实现自给自足。健全完善动物防疫体系，实行规程化的疫病防控，建设病死畜无害化处理中心1家，病死畜无害化处理率达100%。

为保证牛奶质量，吴忠市奶牛企业全面推广全混合日粮饲喂、信息化管理等先进技术，奶牛单产水平逐年提高，已达到9.4吨，高出全国平均水平0.8吨，生鲜乳平均乳脂肪含量达3.9%、乳蛋白含量达3.3%、体细胞数低于20万／毫升，质量高于欧盟标准。推进繁育标准化，深化与西北农林科技大学等科研院所合作，年推广性控冻精（胚胎）10万支以

吴忠牛奶产业基地

智能化奶牛挤奶现场

上，建立金宇浩兴、融昇 2 个奶牛繁育中心，奶牛良种化率达到 100%。

吴忠是名副其实的"黄金奶源地"，全市日产生鲜乳 4100 吨，占宁夏全区的 40%；生鲜乳日加工产能 6200 吨，建成了以金积工业园区为主的乳品加工基地，引进培育了伊利、新希望（夏进）、雪泉等 10 家乳制品加工企业。推进加工标准化，伊利、新希望等公司引进国际最先进的超高温灭菌乳生产线和全球最快的液态奶灌装设备，生产的安慕希、金典、枸杞奶、青稞酸奶等高端乳制品畅销全国。

奶牛产业园参观

  截至 2022 年年底，吴忠市有规模养殖场 149 家，奶牛存栏 33.4 万头，场均奶牛存栏 2200 头以上，其中万头规模养殖场 6 家，牛奶产业全产业链实现产值 280 亿元。直接带动就业 2 万余人，人均年收入 6 万元以上，间接带动 8 万余农民实现增收致富。到 2025 年，全市奶牛存栏达到 42 万头，全产业链实现产值 400 亿元，力争当好自治区牛奶产业高质量发展的排头兵，为建设黄河流域生态保护和高质量发展先行区作出贡献。

盐池滩羊

盐池县具有得天独厚的地理环境，培育的滩羊品质独特，是著名的"中国滩羊之乡"。据清乾隆二十年（1755年）《银川小志》记载："宁夏各州，俱产羊皮……盐州（今盐池县）特佳。"

滩羊养殖场

盐池滩羊是皮肉兼用型品种。其肉质细嫩，无膻腥味，脂肪分布均匀，含脂率低，营养丰富，堪称羊肉中的精品。所产二毛裘皮是裘皮中的上品、宁夏的"五宝"之一、盐池"三宝"之首，享誉世界。

盐池滩羊享誉海内外，品牌价值达到106.82亿元，已成为我国高端羊肉的代表品牌，位列"中国区域农业品牌影响力排行榜"畜牧类第一名，并入选2021年国家地理标志产品保护示范区筹建名单，盐池滩羊花马池镇干草原案例被评为首个"优质地理产品生态环境保护与可持续发展案例"。

2022年，吴忠市滩羊饲养量共计660万只，占全区的46.7%。实现产值37.6亿元，占全市牧业产值的31.7%。全市现有养殖户5万户、滩羊养殖示范村147个，累计建成滩羊"300"模式家庭牧场1144个。吴忠市推进滩羊产业集群项目建设，盐池县成功创建滩羊全产业链典

"羊儿中奖了"

滩羊肉精深加工车间

型县，利通区、盐池县、同心县均入选全国牛羊调出大县。

吴忠市现有以涝河桥、鑫海、瑞加祥为核心的滩羊定点屠宰企业10家，占全区的34%，年设计屠宰量380万只。2021年全市定点屠宰滩羊100.32万只，占全区的60.53%，屠宰加工产值14亿元。2021年鑫海、涝河桥活羊屠宰量分别为37.19万只、23.11万只，位列宁夏全区的第一位、第二位，两家企业屠宰量占全区活羊屠宰总数的36%。

盐池滩羊肉现已进入全国35个大中城市，"盐池滩羊"地理证明商标授权企业达62家，在全国开设销售点217家。盐池滩羊肉已走入大型连锁超市120家、餐饮企业176家，先后被端上G20杭州峰会、金砖国家领导人厦门会晤和上合组织峰会等重大国际盛会的餐桌。

红柳枝烤羊肉串

　　滩羊产业是当地群众脱贫致富的支柱产业，盐池县滩羊养殖收入占到农民人均可支配收入的50%以上。2017年，盐池县委、县政府出资1亿元，注册成立国有独资企业宁夏盐池滩羊产业发展集团有限公司。该集团公司以订单收购和社会化综合服务为纽带，每年与全县滩羊养殖户签订50万只左右的盐池滩羊订单收购协议、5万只左右的盐池滩羊优质优价收购协议，发挥龙头示范带动作用，带动全县农民群众闯市场、奔小康。同时，打造个性化认养消费模式，积极上线各类电商平台，通过线上线下各种渠道销售盐池滩羊肉，年销售收入超过5亿元。订单收购和优质优价体系的建立，推动了盐池滩羊收购价格稳步上涨，为稳定增加养殖户收入提供了有力支撑。

特色餐饮

　　截至2022年年底，吴忠市注册餐饮单位8277家，其中早茶店586家；直接从业人员6万多人。2023年，全市餐饮业实现零售额35.1亿元，同比增长21.9%，占零售总额的12%。

　　吴忠美食特色鲜明、源远流长。吴忠市委、市政府审时度势，抢抓宁夏回族自治区打造全域旅游示范区的有利契机，大力实施"游在宁夏，吃在吴忠"品牌战略，将餐饮产业列入吴忠十大特色产业之一；建立市领导包抓产业机制，成立专门工作机构，出台专项扶持政策，印发专项工作方案，聚各方之力强力推进。早茶文化节被商务部列入"中华美食荟"重点活动之一。

　　吴忠依托自身餐饮业既有的良好基础、深厚的文化底蕴，不断挖掘传统小吃、创新特色菜品，现有吴忠手抓、手撕土鸡等"中国名菜"41道，吴忠油香馓子、肉粘饭等"中华名小吃"12道，吴忠盘丝饼、牛舌酥等"中国名点"17道，全羊宴、九碗十三花等中华名宴7种。着力培育名厨名品名店，评选出吴忠早茶示范店51家，吴忠

吴忠美食：菜合子

民族美食广场的大蒜烧黄河鲶鱼、杜优素羊杂和兴云饭庄白水鸡入选"宁夏十大经典名菜"。特别是遍布城乡的吴忠早茶,已经成为吴忠的城市名片和文化符号。

  吴忠市坚持走品牌化、标准化发展之路,制定了吴忠餐饮业服务规范,力求让每位用餐者吃得放心、安心。吴忠市拍摄了《吴忠日食记》,编印了《吃在吴忠》宣传画册,绘制了吴忠美食地图,让南来北往的游客能够"按图索骥",轻松找到美食;联合中国烹饪协会,连续举办4届中国特色小吃文化节;组织开展了"游在宁夏,吃在吴忠"八大系列美食及十大餐饮名店、吴忠老字号和绿色餐饮饭店等评选活动,并采取全程直播、拍摄微纪录片等方式进行系列宣传,在"学习强国"

2022年吴忠早茶文化节

平台先后8次以不同形式宣传吴忠美食文化，浏览量超30万人次，有效提升了"游在宁夏，吃在吴忠"的品牌影响力。

同时，吴忠市先后与中国烹饪协会、江苏省餐饮行业协会、宁夏餐饮饭店协会达成了餐饮业人才培养战略合作协议，举办了吴忠市首届厨王争霸赛暨"寻味吴忠"民间厨艺大赛，联合江苏省餐饮行业协会举办了吴忠市"首届餐饮业发展论坛暨江苏·宁夏两地厨王交流赛"。政府出资组织全市优秀厨师赴南京、广州、重庆、长沙等地开展考察活动3次，学习先进经验，交流提高厨艺。吴忠共培养高级烹饪大师35名、高级烹饪技师36名、高级职业经理人52人，切实为全市餐饮行业发展提供有力支撑。

吴忠美食：羊棒骨

清洁能源

吴忠市地处宁夏中部，独特的地形地貌孕育了得天独厚的光热资源，是发展风电、光伏发电等新能源产业最具潜能的地区，也是宁夏新能源基地的重要区域之一。

吴忠市红寺堡区、盐池县、同心县等山区年平均日照大于 3000 小

时，平均风速 3.5 米 / 秒以上，适于建设大型新能源项目的山地、沙漠等地貌类型约占总面积的 30% 以上。

2020 年，国网吴忠供电公司投资 3.1 亿元建设红寺堡第一风电场、贺兰山第三风电场、吴忠第二十二光伏电站、三峡新能源红寺堡风电项目、宁夏嘉泽红寺堡苏家梁等新能源并网工程。主动对接新能源企业，及时通过 2020 年国家能源局批复的全区竞价光伏项目接入系统评审。

截至 2022 年，新能源建成并网规模 1545.3 万千瓦，占全区清洁能源电力装机规模比重达 51%。

近年来，为满足新能源接入需求，吴忠新建、扩建 330 千伏及以下变电站，以高电压等级上网送出的方式，解决风电、光伏接入困难，无法就地消纳等问题，有力促进了吴忠地区能源资源大范围配置和大气污染治理。同时，助推低碳绿色发展，淘汰了大量公共管网未覆盖区域的燃煤锅炉，实现电能替代项目 663 个，累计替代电量 5.3 亿千瓦时，节约燃煤 9.7 万吨标煤，减少二氧化碳排放量 32.5 万吨。

光伏电场

现代工业

吴忠市聚焦轻工纺织、新型材料、现代化工、装备制造、数字信息等重点行业,大力推进现代化工业高质量发展。

食品车间

近年来，吴忠市聚焦食品工业、轻工纺织、生物医药等重点行业，大力推进轻工纺织产业发展。2022年，全市规模以上轻工纺织企业达131家，占全市规模以上工业企业总数的34.9%，轻工纺织工业总产值达234.87亿元，同比增长6.3%，占全区规模以上轻工纺织企业总产值的32.6%。

食品工业

培育了宁夏伊利、御马酒庄、红山河、君星坊、润德生物等一批优势骨干企业，打造了"盐池滩羊""塞上硒都"等优势品牌和155个绿色、有机、地理标志产品；全市45家酒庄葡萄酒获得各类国际奖项618个；吴忠市成为全国重要的黄金奶源基地，宁夏伊利被评为全国最大单体液态奶生产基地。2022年，全市共有规模以上食品工业企业63

食用油生产车间

15万锭差别化纺纱全流程数字化车间

家。完成食品工业产值 156.08 亿元，同比增长 9.08%，占全市规模以上工业总产值的 11.7%。

纺织行业

依托金积工业园区、同心工业园区等区块优势，通过恒丰纺织、伊兴羊绒制品等龙头企业带动，发展形成了集羊绒分梳、绒条、制衫、面料于一体的羊绒纺织产业体系和拥有纺纱、织布、成衣制造等服装生产完整产业链的轻工纺织产业基地。金积工业园区先后入选全国纺织产业"十大产业园区""中国纺织行业十大产业园"，荣获"纺织结构调整突出贡献奖"。同心县建成国际山羊绒集散中心。

截至 2022 年年底，全市共有规模以上轻工纺织企业 38 家，占规模以上工业企业总数的 10.5%。2022 年完成工业产值 24.3 亿元。

生物医药

规划建设了太阳山医药产业园，培育形成了以宁夏常晟药业有限

和兴碳基的生产车间

公司、宁夏润泽欣邦化工有限公司等三家骨干企业为代表的生物医药产业体系，产品主要以苦参碱制造、氟尼辛葡甲胺等医药中间体和中药材加工为主。截至2022年年底，全市共有规模以上生物医药企业3家，完成工业产值3.79亿元。

新型材料

截至2022年，全市共有规模以上新型材料企业31家，主要分布在青铜峡工业园区、太阳山开发区、盐池工业园区。主要产品有铝合金、铝材、异丁烯、碳化硅、金属硅、高纯锌、咪唑烷、聚氯乙烯树脂等。其中，化工材料企业9家，高性能金属材料企业10家，碳基材料企业4家，新型建筑材料企业7家，电池负极材料企业1家。

近年来，吴忠市多家企业生产规模居于国内前列，其中，宁夏和兴碳基材料有限公司居国内碳化硅行业十强，年生产不同规格粉体碳化硅达7万吨，市场占有率达7%；宁夏东吴农化股份有限公司年生产3万吨硝酸胍、1.8万吨甲基硝基胍、0.8万吨咪唑烷等产品，是国内生产该系列产品的龙头企业，国内市场占有率达40%；宁夏京成天宝科技有限公司年产饲料添加剂硫酸锌、氧化锌及纳米氧化锌6万吨，是全国最大的锌基矿物饲料添加剂生产基地；中电投宁夏能源铝业青鑫炭素有限公司年产铝用阴极炭素3万吨，是国内规模最大、品种最全的专业生产和研发铝电解用阴极炭素制品企业之一。

数字信息

吴忠市近年来大规模开展工业数字化转型、智能改造提升和5G等新基建设施建设，推动互联网、大数据、人工智能（AI）和实体经济深度融合，逐步形成以金积工业园区、吴忠新经济产业发展中心为主体的数字信息产业集聚区。服务于智能制造、工业互联网应用、"互联网＋应用"等方面，累计建成5G基站1548座，城镇以上区域、重点产业园区、重要交通枢纽等实现5G网络覆盖。

宁夏菲麦森有限公司研发的工业互联网云智能协同制造应用平台目前已吸引全区近100家制造业企业入驻并联网工作，研发了统一数字化工位终端和手机终端APP。

2022年，吴忠市数字信息产业实现产值24.12亿元。宁夏工业互联网标识解析二级节点接入企业447家，完成吴忠仪表等7家企业标识解析场景应用。

现代化工

吴忠市依托太阳山开发区、青铜峡工业园区、盐池工业园区、同心工业园区化工产业发展优势，围绕煤化工、油气化工、精细化工等重点领域，加快推动现代化工产业高端化、精细化发展，产业发展质量和效

宁夏庆华集团合成氨变压吸附设备

益得到明显提升。吴忠先后建设实施了海利科技年产 4000 吨甲萘威和 5000 吨甲基硫菌灵系列产品等一批重点现代化工产业项目，引进培育了瑞科化工、长明天然气等 16 家重点油气化工企业，申报创建了东吴农化"利用连续流反应器实现硝化反应与结晶技术"、中能北方"液化天然气全业务链管理信息系统"等一批创新示范项目。2022 年，全市共有规模以上现代化工企业 48 家。

装备制造

近年来，吴忠市坚持把装备制造作为主导产业，围绕高端控制阀、精密铸锻件、专用精密轴承、特色农机装备、新能源装备等重点领域，加快推进装备制造产业集群化发展，构建形成了布局合理、优势明显、特色突出的产业发展新格局。吴忠培育了吴忠仪表、朗盛铸造、智源农机、塞上阳光、运达风电等一批骨干企业，智能仪器仪表、农业机械、电焊机制造等领域逐步向数字化、智能化、网络化转型升级，超大口径调压装置关键用阀、高精度逆变等离子弧切割机、可再生能源利用烘干设备等高端制造产品获得国家多项成果奖。

吴忠市特色产业分布示意图（一）

地图标注：

- 青铜峡市：新型材料产业、葡萄酒产业、装备制造产业
- 吴忠市（利通区）：数字信息产业、装备制造产业、轻工纺织产业、清洁能源产业、滩羊产业、牛奶产业、肉牛产业
- 盐池县：滩羊产业、清洁能源产业、新型材料产业
- 红寺堡区：清洁能源产业、葡萄酒产业、肉牛产业、新型材料产业
- 同心县：肉牛产业、滩羊产业、轻工纺织产业

图例：
- ◎ 吴忠市　地级行政中心
- ● 同心县　县级行政中心
- ——　省级界
- ——　地级界
- ------　县级界

*注：除单独说明外，本表数据皆截至2022年年底

产业分布

全市
- 特色餐饮产业
- 装备制造产业
- 数字信息产业
- 文化旅游产业
- 冷凉蔬菜产业

区域
- 牛奶产业
- 肉牛产业
- 滩羊产业
- 葡萄酒产业
- 新型材料产业
- 轻工纺织产业
- 清洁能源产业

牛奶产业

特点	成母牛年均单产9.4吨，生鲜乳主要质量指标高于欧盟标准
主要品种	荷斯坦奶牛
养殖规模	规模养殖场149家，奶牛存栏33.4万头，场均奶牛存栏2200头以上，其中万头规模养殖场6家
年产量	2022年141万吨，2021年124.1万吨，2020年104.7万吨
成就	宁夏伊利乳业成为全球最大的液态奶单体加工工厂

葡萄酒产业

主要品种	赤霞珠、美乐、西拉、马瑟兰、小芒森等17个品种
种植面积	酿酒葡萄种植面积28万亩
年产量	2022年4.25万吨，2021年5.8万吨，2020年4万吨
成就	全市现有45家酒庄，其中，市级以上龙头企业16家，贺兰山东麓列级酒庄17家，2A级以上旅游酒庄4家

肉牛产业

主要品种	西门塔尔牛
养殖规模	全市现有肉牛养殖户2.8万户，建成年存栏50头以上肉牛养殖场（户）673家，累计建成肉牛"50"模式家庭牧场453个
年产量	2022年3.22万吨，2021年3.14万吨，2020年3.01万吨，2019年2.93万吨
成就	同心县、红寺堡区肉牛养殖收入占到农民人均可支配收入的20%以上

滩羊产业

特点	盐池县是宁夏回族自治区唯一的牧区县，吴忠市滩羊饲养量约占自治区滩羊饲养量的近一半
主要品种	盐池滩羊
养殖规模	全市现有养殖户5万户、滩羊养殖示范村147个，累计建成滩羊"300"模式家庭牧场1144个
年产量	2022年6.15万吨，2021年5.61万吨，2020年5.46万吨
成就	位列"中国区域农业品牌影响力排行榜"畜牧类第一名，已成为我国高端羊肉的代表品牌

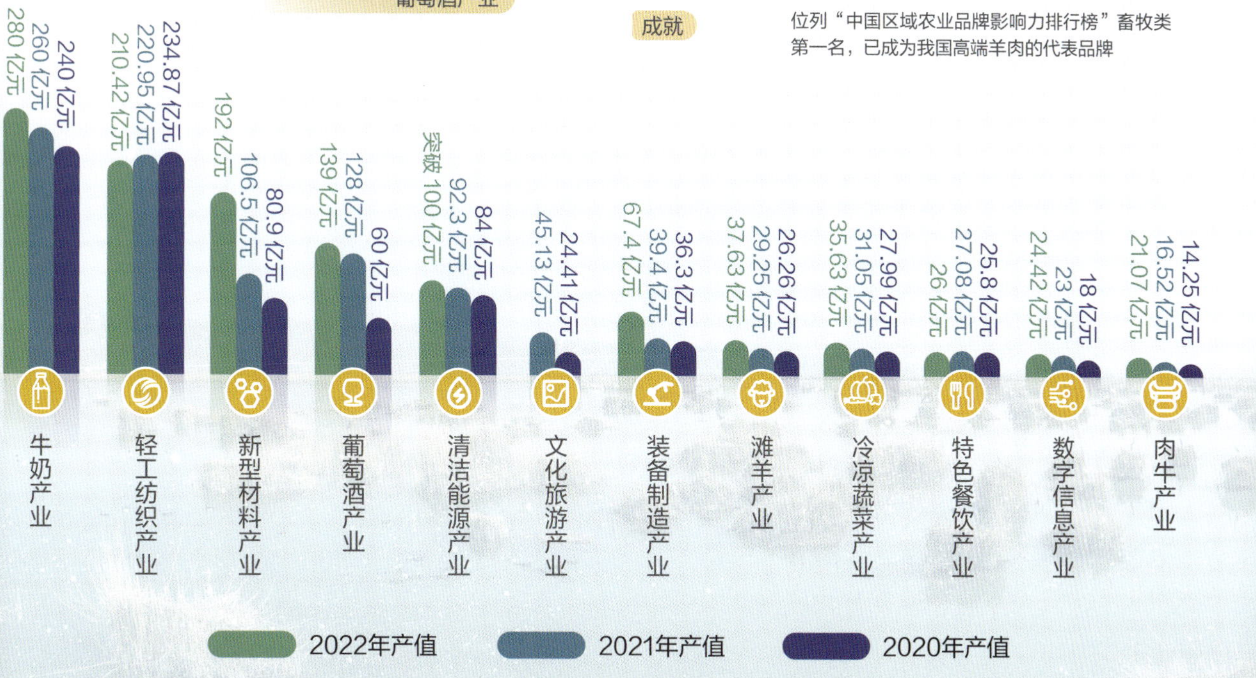

产业产值对比（2022年/2021年/2020年产值）

产业	2022年产值	2021年产值	2020年产值
牛奶产业	280亿元	260亿元	240亿元
轻工纺织产业	234.87亿元	220.95亿元	210.42亿元
新型材料产业	192亿元	106.5亿元	80.9亿元
葡萄酒产业	139亿元	128亿元	60亿元
清洁能源产业	突破100亿元	92.3亿元	84亿元
文化旅游产业	45.13亿元	24.41亿元	—
装备制造产业	67.4亿元	39.4亿元	36.3亿元
滩羊产业	37.63亿元	29.25亿元	26.26亿元
冷凉蔬菜产业	35.63亿元	31.05亿元	27.99亿元
特色餐饮产业	27.08亿元	26亿元	25.8亿元
数字信息产业	24.42亿元	23亿元	18亿元
肉牛产业	21.07亿元	16.52亿元	14.25亿元

吴忠市特色产业分布示意图（二）

新型材料产业

主要产品	铝合金、铝材、异丁烯、碳化硅、金属硅、高纯锌、咪唑烷、聚氯乙烯树脂等
规模以上企业数量	2022年31家，2021年27家，2020年22家，2019年21家
成就	全市共有规模以上新型材料企业31家，其中，化工材料企业9家，高性能金属材料企业10家，碳基材料企业4家，新型建筑材料企业7家，电池负极材料企业1家

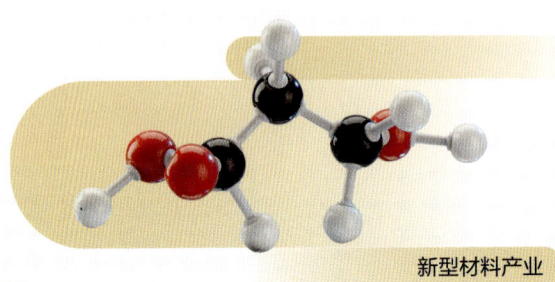

新型材料产业

轻工纺织产业

特点	聚焦食品、医药、纺织等行业，产业融合发展格局逐步形成
代表企业	恒丰纺织、伊兴羊绒、伊利乳业
成就	金积工业园区先后入选全国纺织"行业十大产业园区""中国纺织服装行业十大产业园"，并荣获"纺织结构调整突出贡献奖"。同心县建成国际山羊绒集散中心，培育了宁夏伊利等骨干企业，吴忠成为全国重要的黄金奶源地。

清洁能源产业

特点	清洁能源区域化布局、基地化开发、集约化发展加快推进
主要类型	光伏发电、风电、水电、生物质发电
企业数量	2021年84家，2020年73家，2019年59家
成就	全市累计建成风力发电项目77个、光伏发电场站67个，大型分布式光伏场站1531个，新能源建成并网规模达到1545.3万千瓦

青铜峡市　吴忠市　利通区　红寺堡区　同心县

轻工纺织产

特色餐饮产业

特点	数量多，质量高
代表品牌	光耀美食街、中华美食街、青铜峡龙海商业街、利通食府、迎宾街美食广场、吴忠万达美食广场
成就	2022年全市注册餐饮单位8277家，其中早茶店586家；直接从业人员6万多人 2023年全市注册餐饮单位8952家，其中早茶店787家；直接从业人员7万多人

手抓羊肉

装备制造产业

特点	围绕高端控制阀、精密铸锻件、专用精密轴承、特色农机装备、新能源装备等重点领域,加快推进装备制造产业集群化发展,构建形成了布局合理、优势明显、特色突出的产业发展新格局
代表企业	吴忠仪表、朗盛铸造、智源农机、塞上阳光、运达风电
成就	全市规模以上装备制造业实现产值67.4亿元,是2015年的1.9倍,占全市规模以上工业增加值的3%

装备制造产业

现代物流产业
盐池县

数字信息产业

特点	形成以金积工业园区(中国自动化产业园)、吴忠新经济产业发展中心为主体的数字信息产业集聚区
成就	宁夏工业互联网标识解析二级节点接入企业超过447家,完成吴忠仪表等7家企业标识解析场景应用

文化旅游产业

文化旅游产业

特点	黄河、长城、长征、红色等旅游资源丰富
代表品牌	黄河金岸文化旅游带、贺兰山东麓葡萄酒文化旅游带以及盐池、同心、红寺堡历史文化景观旅游带
年旅游接待量	2022年814.73万人次,2021年740.4万人次,2020年507.55万人次,2019年756.34万人次
成就	A级旅游景区28家,其中国家森林公园1处,国家湿地公园3处,国家自然保护区2处,国家水利风景区1处,全国百家红色旅游经典景区2处,全国乡村旅游重点村9个,宁夏特色旅游村19个

◎ 吴忠市 地级行政中心
● 同心县 县级行政中心
省级界
地级界
县级界

冷凉蔬菜产业

冷凉蔬菜产业

主要品种	番茄、辣椒、芹菜、西瓜、黄花菜
年产量	2022年148.6万吨,2021年140.3万吨
成就	建成利通区、青铜峡市现代设施蔬菜、供港蔬菜生产优势区,盐池县、红寺堡区中部干旱带黄花菜优势区

发展成就

以新发展理念引领高质量发展
创新驱动产业转型升级
坚持生态优先绿色发展
脱贫攻坚全面胜利
城乡面貌日新月异
民生福祉持续增进
立德树人建设文明吴忠
民族团结之花常开长盛

以新发展理念引领高质量发展

吴忠市坚定不移实施创新驱动、生态立市和工业强市战略，全面落实对标提升转型发展措施，以新发展理念为引领，夯实基础、做大优势，不断激活高质量发展新动能，推动全市经济质量效益持续提高。

截至2023年年底，吴忠市GDP从2016年的412.5亿元增加到902.44亿元，年均增长6.8%，总量由全区五市第三跃居第二。2023年吴忠市人均GDP达到64418元，是2016年的2.12倍。一般公共预算收入从32.6亿元增加到39.6亿元左右，年均增长3.2%。实施自治区级重点项目58个、市级重点项目755个。争取项目资金854亿元，招商引资到位资金1552亿元。

农业提质增效。粮食年产量稳定在100万吨以上，实现"十八连丰"。截至2023年年底，肉牛饲养量62.4万头，实现产值24.9亿元，占全市牧业产值的17.7%；建成酒庄45家，占宁夏全区的35%，新增酿酒葡萄种植面积0.4万亩，全市酿酒葡萄种植面积达到28万亩，占自治区全部酿酒葡萄种植面积的50%，葡萄酒产业每年带动生态移民及产区周边农户务工增收3.3亿元；"盐池滩羊"区域品牌价值达到106.82亿元，肉牛、枸杞、黄花菜等特色优势产业效益凸显，2023年与2016年相比农业总产值年均增长5.2%。

工业提质扩量。截至2022年年底，规模以上企业达375家，产值过亿元工业企业达139家，现代化工、新型材料等4个产业和太阳山、金积、青铜峡、盐池工业园区产

枸杞果收获季

值均过百亿元，金积工业园区、青铜峡工业园区被评为国家级绿色园区和自治区级高新区，规模以上工业增加值占全区比重由 2016 年的 15.6% 提升到 2022 年的 21.4%，年均增长 9.5%。

服务业提质升级。截至 2022 年年底，吴忠市有国家 4A 级旅游景区 6 个，5 个县（市、区）全部被列为全域旅游创建试点，成功举办"早茶文化节"，吴忠荣获"早茶文化地标城市"，"游在宁夏，吃在吴忠"金字招牌更加响亮；社会消费品零售总额由 2016 年的 152 亿元增加到 2023 年的 184 亿元左右，年均增长 2.8%。

创兴驱动提质赋能。吴忠市国家高新技术企业高达 102 家，自治区科技型中小企业达 405 家，2023 年首次获得自治区科技进步一等奖 2 项。2022 年全市全社会研发投入首次突破 10 亿元，经费投入强度由 2016 年的 0.69% 提升到 2022 年的 1.16%。2017 年，吴忠被确定为国家知识产权试点城市。

服务业提质升级

吴忠仪表机器人加工岛

装备制造高端化、绿色化、智能化

创新驱动产业转型升级

2022年，吴忠市在全面落实工业对标提升转型发展措施的基础上，加快建设上方生物食品添加剂等99个重点工业项目，推动装备制造高端化、绿色化、智能化，全力打造装备制造产业聚集区。

2022年，吴忠市培育新增自治区级企业技术中心2家、技术创新示范企业2家、服务型制造示范企业3家，"专精特新"中小企业16家、专精特新"小巨人"企业1家。

更新优化《吴忠市智能制造、创新驱动、工业互联网示范创建三年培育计划（2021—2023年）》，鼓励引

宝瑞隆 200 万吨煤焦油及烷烃综合利用项目

导企业向"互联网+智能制造"方向发展。加快工业互联网标识解析二级节点推广应用，2022 年累计接入企业 447 家，完成 7 家企业标识解析场景应用。

制定实施《吴忠市 5G 通信网络基础设施专项计划（2021—2025）》，加快 5G 通信网络设施建设，新建 5G 基站 500 座，累计建成 1548 座。推进数字信息产业发展，谋划实施菲麦森流程控制智能制造推广等 40 个重点数字信息产业项目，建成投产 25 个；培育智能工厂（数字化车间）24 个，推动 180 家工业企业上云上平台。

加快 5G 通信网络设施建设

坚持生态优先绿色发展

2022年,吴忠市紧紧围绕自治区下达的工业能耗"双控"目标任务,持续开展40户重点耗能企业、高耗能行业用能分析和走势研判,先后完成青铜峡铝业等20家企业节能专项监察和常信化工等13家企业节能诊断服务。持续推进绿色制造体系建设,支持企业推行绿色设计、开发绿色产品,赛马建材、塞外香等2家企业成功创建国家级绿色工厂。

加大能耗管控力度,强化项目节能管理,坚决防范能源消耗过快增长。严格落实《工业节能管理办法》,聘请行业专家常态化开展重点领域、重点企业、重点项目节能监督管理,围绕重点企业单位产品能耗限额标准执行情况对

持续推进绿色制造体系建设

13家重点企业实施节能监察。

认真践行"绿水青山就是金山银山"的理念，坚决遏制"两高"项目盲目发展。淘汰落后产能135.3万吨，深入打好蓝天、碧水、净土保卫战，环境空气质量达到国家二级标准；全面推行河湖长制，清水沟、南干沟等重点区控断面水质保持在Ⅳ类及以上，黄河流域吴忠段出境断面水质稳定在Ⅱ类；土壤环境质量总体保持稳定，耕地保护目标考核连续6年获全区一等奖。大力实施生态修复工程，完成营造林36.61万亩，森林覆盖率、草原综合植被盖度分别达到12.34%、54.9%。

绿水青山就是金山银山

黄花菜种植基地

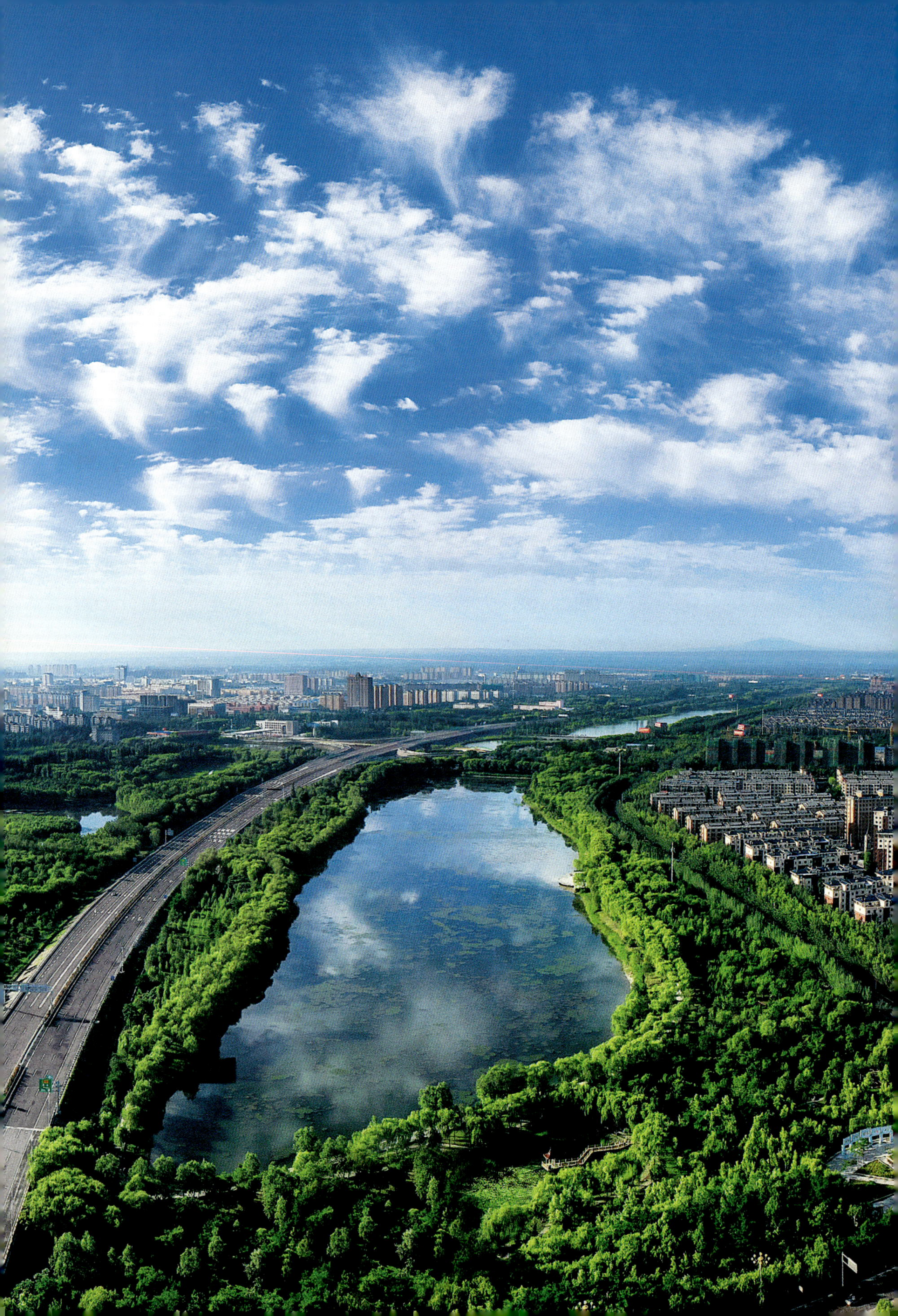

黄河明珠、美丽吴忠

电商扶贫

农村贫困人口全部脱贫

脱贫攻坚全面胜利

2020年，吴忠市脱贫攻坚取得全面胜利，18.9万农村贫困人口全部脱贫，217个贫困村全部出列，盐池县、同心县、红寺堡区3个贫困县全部摘帽，区域性整体贫困问题得到彻底解决，丁建华等9名个人和同心县扶贫办等7个集体获全国脱贫攻坚先进表彰，贫困群众内生动力全面激发。吴忠市"7366"精准扶贫模式、同心县扶贫车间分别获评2016年度、2018年度"中国民

滩羊皮上缝脸谱

生示范工程奖",金融扶贫"盐池模式""扶贫保"等经验在全国推广。盐池县被国务院扶贫办确定为首批全国脱贫攻坚示范县并获得全国脱贫攻坚组织创新奖。红寺堡区荣获"四好农村路"全国示范县,红寺堡区文化扶贫"宁夏样本"代表西部地区在全国文化馆年会上交流发言。全市脱贫攻坚工作连续五年在全区地级市效能目标考核中获得优秀等次。

贫困村村集体收入均超过
5万元

城乡面貌日新月异

2022年，吴忠市实施城乡建设项105个，完成投资88.59亿元。银西高铁正式开通，城东客运枢纽同步运营。国道344线吴忠至灵武段、青铜峡至正源街快速通道（小坝至永宁段）建成通车。高质量建成通车市政道路6条4.8千米，修复老旧路面28万平方米，改造老旧小区61个，青铜峡市怡园社区老旧小区改造项目荣获2023年中国人居环境奖，完成城市东片区824套保障性安置住房主体建设，新增停车泊位3800个。市区建成区绿地率、绿化覆盖率、人均公园绿地面积分别达41.5%、42%和32.21平方米。扎实推进农村人居环境整治，新建改建农村公路326千米，累计清理覆盖生活垃圾20.23万吨，改造农村卫生厕所4.3万座，

市区建成区绿地率、绿化覆盖率、人均公园绿地面积分别达 **41.5%**、**42%** 和 **32.21** 平方米

萌城移民新村

红寺堡今貌

卫生厕所川区普及率达到 88.7%，山区普及率明显提高。成功入围全国第三批系统化全域推进海绵城市建设示范城市，纵深推进城乡黑臭水体治理，吴忠市作为全国北方城市黑臭水体治理成功实践的唯一典型代表，在全国推进会交流发言。

2022 年，吴忠市投资 473 亿元，实施市区东片区综合开发等项目 824 个。吴忠市人民医院、黄河奥林匹克体育中心等建成运营。新建保障性住房 2.9 万套，改造老旧小区 61 个，建设美丽小城镇 28 个、美丽村庄 208 个，全面推行卫生保洁城乡一体化市场运营模式，城市生活垃圾无害化处理率达到 99.8%。5 年来，新建农村公路 1600 余千米，全市人民翘首以盼的银川至西安、银川至中卫高铁建成通车，吴忠融入国家高铁网。全国文明城市、国家卫生城市等创建活动对城市面貌、市民素质、文明程度提升效果明显。

城市面貌、市民素质、文明程度提升明显

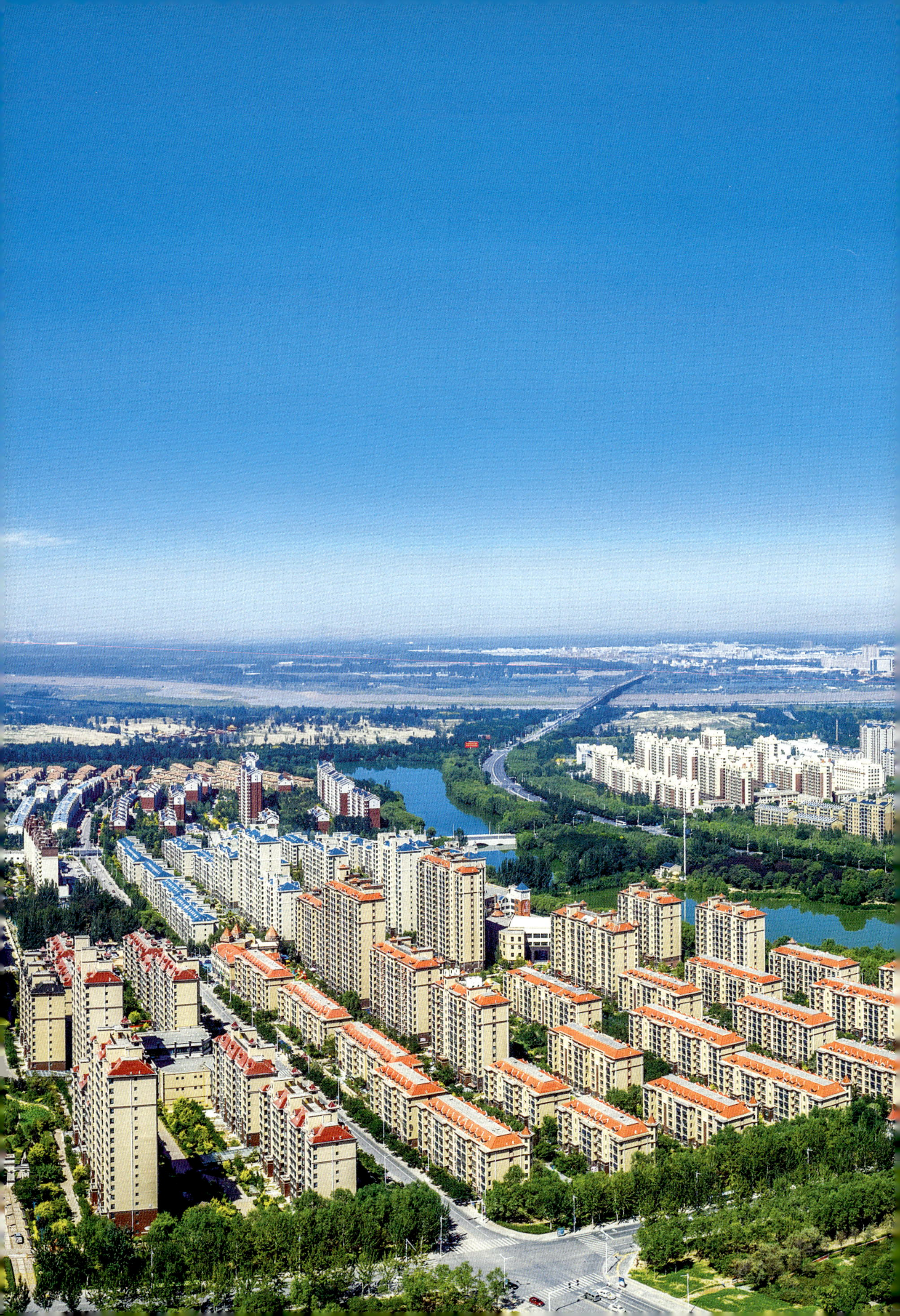

黄河之滨　塞北江南

社区邻居节，民族团结之花盛放

民生福祉持续增进

每年将 **80%** 以上财政支出用于保障改善民生

　　吴忠市坚持每年将 80% 以上财政支出用于保障改善民生，城乡居民人均可支配收入分别由 2016 年的 23351 元、9938 元，增长到 2023 年的 37647 元、18844 元，年均增长 5.9% 和 8.4%。全市城镇新增就业 10.81 万人，农村劳动力转移就业 174.8 万人次。新建学校 99 所，5 个县（市、区）全部通过国家义务教育均衡发展评估验收，实现普及高中阶段教育目标。公办、普惠性幼儿园在园幼

小麦喜获丰收,农民脸上洋溢着丰收的喜悦

儿占比完成"5080"目标。四级医疗卫生服务体系不断完善,市、县、乡远程医疗服务实现全覆盖,村村建成标准化卫生室,基本医疗保险参保率稳定在95%以上。筹资6.43亿元,彻底解决了历史遗留的拖欠被征地农民养老保险问题。发放低保等资金6.4亿元。新建改建利通区文化馆等县级文化场馆6个、基层综合性文化服务中心553个。吴忠科技馆建成向社会免费开放。

基本医疗保险参保率稳定在
95% 以上

立德树人建设文明吴忠

党的十八大以来，吴忠市认真履行"育新人"的使命任务，广泛弘扬践行社会主义核心价值观，统筹文明培育、文明创建、文明实践，着力培育时代新风新貌。

立德树人，德润吴忠。吴忠市深入推进社会主义核心价值观进机关、进乡村、进社区、进学校、进企业、进单位的"六进"活动，颁布施行《吴忠市文明行为促进条例》，将社会主义核心价值观的要求转化为具体行为准则。坚持典型引路，涌现出"群众身边的活雷锋"王兰花等全国道德模范及提名奖 17 人、"中国好人" 43 人，县级及以上道德模范和身边好人 1750 人，让群众从身边榜样身上看到主流、感到温暖、受到感染、得到启迪。如今的吴忠已成为一座名副其实的"好人之城"。

志愿吴忠，真情暖人。2020 年 6 月 8 日，习近平总书记来到吴忠市利通区金花园社区考察时，对社区志愿服务工作予以高度评价和勉励："你们的经验很好，真正体现了行胜于言。社会主义是干出来的，各族群众要一起努力，志愿者要充分发挥作用。"吴忠以新时代文明实践中心为广阔舞台，开展"牢记嘱托行胜于言"志愿服务"365 行动"，建设"志愿之城"。注册志愿者占常住人口的 22.6%，志愿服务活跃率常态保持在 56% 以上，培育"兰花芬芳""春蕾天使"等志愿服务品牌 38 个。每一个吴忠人都在用"凡人善举"托起守望相助的城市温情。

文明吴忠，引领风尚。吴忠以群众性精神文明创建活动为载体，推动市民文明素质不断提升。全市有县级及以

群众身边的"活雷锋"王兰花荣获"七一勋章"

上文明单位527个、文明村镇372个、文明校园156个、文明家庭901户。这些文明群体很好地引领了城市的文明风尚。吴忠广泛开展"做文明有礼吴忠人",大力倡导文明健康绿色环保生活方式,开展"十万家庭学礼仪"活动,在全社会掀起修礼学仪的热潮,"说文明话、做文明人"成为每个市民自觉践行的准则。创新举办"吴忠文明大讲堂",让先进事迹不断传扬,让文明道德深入人心。

诚信吴忠,以信立人。吴忠市充分发挥社会信用体系的基础支撑作用、诚信缺失突出问题专项整治的强大震慑作用、宣传教育的成风化俗作用,建设社会信用体系示范市。广泛开展"诚信吴忠"主题实践活动,掀起"诚信吴忠、你我共铸"热潮。盐池县的互助资金、评级授信等多种金融扶贫小额信贷模式创造了"零失信"纪录。诚信让老百姓过上了好日子,诚信的"金字招牌"已成为城市文明的新底色。

诚信吴忠,以信立人

民族团结之花常开长盛

吴忠市，是宁夏唯一的两度成功创建为全国民族团结进步示范市的地级市。截至目前，全市有36个单位被命名为全国民族团结进步模范集体（示范单位）、290个单位被命名为自治区民族团结进步模范集体。

吴忠市各族群众团结和睦的历史源远流长，以爱国主义为核心的伟大民族精神深深融入汉、回、满、蒙古等36个民族的血液。截至2022年，吴忠市坚持39年开展"民族团结进步月"活动，涌现出王兰花等一批先进模范人物。连续18年组织社区"邻居节"等活动，民族团

36个单位被命名为全国民族团结进步模范集体

"党建引领强治理 凝心聚力践初心 共建共绘同心圆"建党百年庆祝活动

结之花常开长盛。

2005年，利通区首届社区"邻居节"在胜利镇、金星镇同时举办。此后，每年9月，在利通区各乡镇社区都会上演独具特色的"邻居节"。赏歌舞、品美食、团圆宴，社区居民欢聚一起，共叙邻里情，群众自豪地把"邻居节"誉为"老百姓自己的节日"。金星镇"邻居节"已连续举办了19年。金星镇金花园社区常住人口有5025户13850人，包括回、满、藏等少数民族6232人，约占金星镇花园社区常住人口的45%。

社区"邻居节"

社区"邻居节"唱红歌

"异地有家"服务站

开展铸牢中华民族共同体意识主题教育

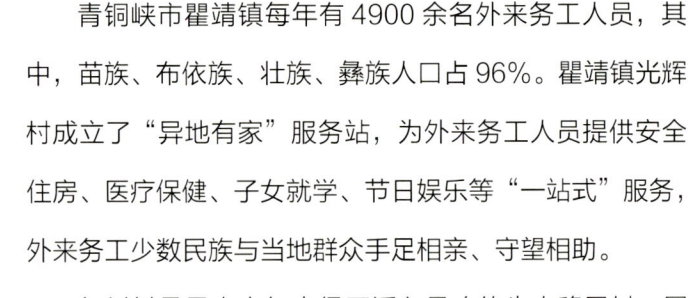

青铜峡市瞿靖镇每年有4900余名外来务工人员,其中,苗族、布依族、壮族、彝族人口占96%。瞿靖镇光辉村成立了"异地有家"服务站,为外来务工人员提供安全住房、医疗保健、子女就学、节日娱乐等"一站式"服务,外来务工少数民族与当地群众手足相亲、守望相助。

红川村是吴忠市红寺堡区迁入最晚的生态移民村,属全国最大的易地生态移民扬黄扶贫集中安置区。2014年9月,1960户迁自固原市原州区、吴忠市同心县的18个乡镇140多个行政村迁入红川村。在村党建广场上,一棵大树被装扮成红川百"姓"造型,"红心"当中有一个个姓氏:刘、麦、柳……村民们姓氏、口音不尽相同,村里立下"邻里间,有情谊,互帮助,如兄弟"的村规民约,村民们认真践行。村里还矗立着一座石榴雕塑,那是红川村民族团结工作的写照。

2023年,吴忠市被命名为"全国市域社会现代化城市试点合格城市"。志愿"红马甲"是吴忠市最亮丽的风景,全市登记注册志愿者30.82万人,占常住人口的22.6%。"有困难找志愿者,有时间就做志愿者"这一观念已深深植根这片沃土。

吴忠市充分发挥盐池革命烈士纪念园、同心县红军西征纪念馆等民族团结教育基地作用,分层次、分领域广泛开展铸牢中华民族共同体意识主题教育。改革开放以来,吴忠市文化工作者坚持用中华优秀传统文化浸润民族团结,增进文化认同,创作出《人间总有真情在》《塞上花儿心中的歌》《盖碗飘香》等弘扬主旋律的文艺作品600余部。

文化的力量是无穷的。近年来,吴忠市大力推进"互

"共产党好 黄河水甜"庆祝建党100周年群众红歌拉歌大赛

联网+民族团结"行动，连续6年开展民族团结微电影短视频征集活动，连续4年开展"石榴籽"杯征文评选活动，民族团结进步工作品牌效应日益彰显。

吴忠市民族团结之花常开长盛的"秘籍"是开展"百场万人"大宣讲、民族团结教育"十进"等活动，把铸牢中华民族共同体意识融入群众日常生活，构筑共有精神家园。各民族亲如一家、守望相助、手足相亲，同学校共班级、同车间共班组、同小区共楼栋，大家不分你我、其乐融融，共居共学、共建共享、共事共乐已成为吴忠市人民最普遍的生活方式。

共居共学、共建共享、共事共乐

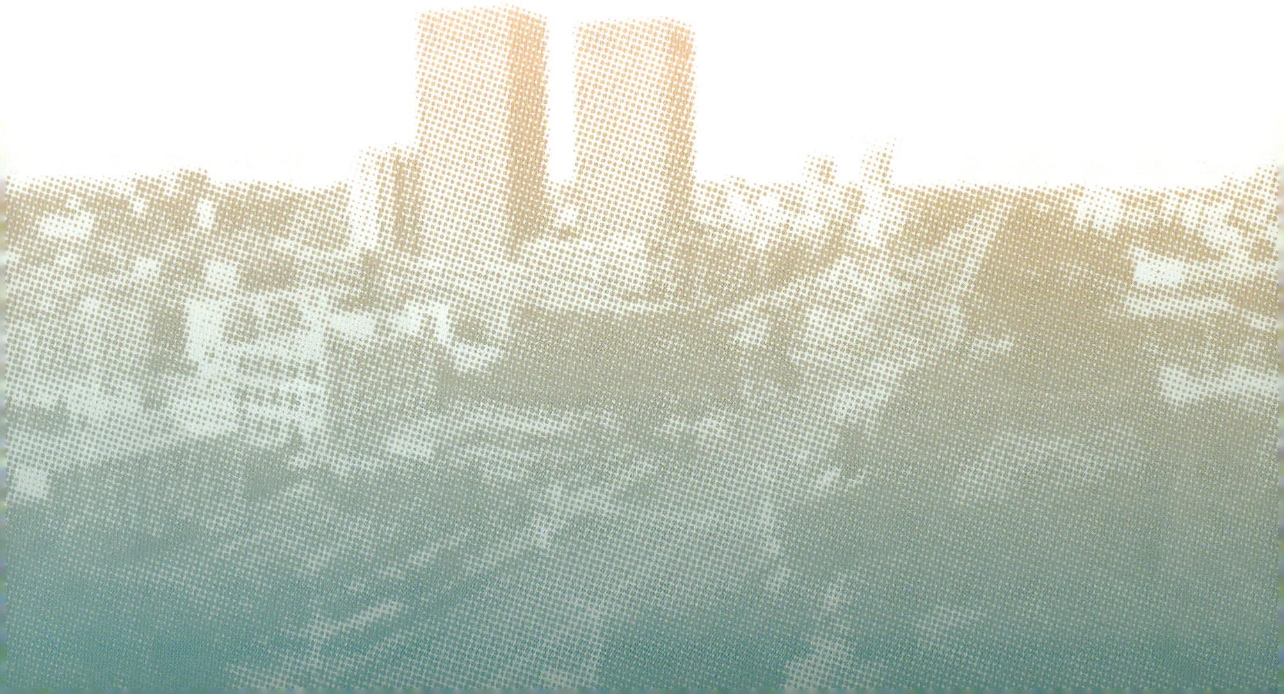

未来展望

加快推进黄河流域生态保护和高质量发展先行区建设
建设铸牢中华民族共同体意识示范市
建设绿色发展先行市

加快推进黄河流域生态保护和高质量发展先行区建设

大力推进"调转增融"

加快调结构，聚焦清洁能源、新型材料、现代化工等"六新"产业，持续推进重点产业区域化布局、标准化生产、品牌化经营。主动转方式，坚持高端化、绿色化、智能化、融合化发展方向，加快推进传统产业绿色化改造、资源循环化利用、企业清洁化生产。持续增动能，加快推进科技、业态、模式、管理创新，培育新增一批专精特新企业。积极促融合，推动产城融合，做大做强城市经济，加快城市集约发展；推动产业融合，延伸产业链、提升价值链、融通供应链，实现一二三产前延后展、融合互促。

传统产业绿色化改造

宜居城市吴忠

大力推进产业发展

推进工业提质扩量。突出优势产业锻长板,推动轻工纺织、装备制造等优势产业集群化发展。突出传统产业补短板,加快实施"四大改造",工业技改投资年均增长15%以上。突出新兴产业强底板,建设一批智能工厂、数字化车间,加快工业互联网标识解析二级节点普及应用,推进5G技术与智能制造深度融合。

推进农业提档增效。优化农业区域布局和生产结构,扩大优质饲草种植基地,实施宁夏伊利四期扩建项目,打造400亿元奶产业聚集区。做大做强滩羊和肉牛、葡萄酒、黄花菜、枸杞等重点特色产业,壮大乡村旅游、休闲康养、农村电商等新产业新业态。构建连农带农利益联结机制,大力发展数字农业、智慧农业。

推动优势产业集群化发展

壮大新产业新业态

打造"旅游之城"

推进服务业提速升级。加快全域旅游"一核三带"建设，创建全域旅游示范市，努力打造"旅游之城"。实施餐饮业发展质量提升工程，进一步提升"游在宁夏，吃在吴忠"及"早茶文化"影响力，打造"美食之城"。持续深化国家级电子商务示范城市创建，加快发展现代物流、会展博览、健康养老等产业。

大力推进改革创新

深入实施创新驱动战略

积极主动融入新发展格局，用好中阿博览会等重大会议、河东机场、银西高铁等开放路径，深化交流合作，推动商品贸易、技术合作、文化旅游纵深发展。深入实施创新驱动战略，支持吴忠仪表等龙头企业承担国家重大科技项目，打造一批高新技术企业。实施产学研融通创新工程，支持企业与科研院所、高等院校联合开展技术攻关，建立

自治区级及以上科技创新平台50家。

大力推进区域协调发展

利通区建成全区重要的制造业基地，优质农产品供应及加工基地；红寺堡区建成全国易地搬迁移民致富提升示范区；青铜峡市在产业转型升级上取得突破，进入全区县域经济第一梯队；盐池县打造滩羊、清洁能源、新型材料等产业集群，综合实力稳居全自治区山区九县（区）之首，争创西部百强县；同心县重点发展清洁能源、羊绒加工等特色产业，综合实力位居山区九县前列。加快利通区和青铜峡市"一河两岸、双城一体"同城化、盐同红（盐池县、同心县、红寺堡区）一体化发展步伐，推动惠安堡高铁片区和太阳山能源化工新城建设，加快中心城镇集聚发展步伐，使其成为带动区域发展的新引擎。

建立自治区级及以上科技创新平台**50**家

加快"一河两岸、双城一体"同城化、盐同红一体化发展步伐

远眺同心

青铜峡市第七中学分校庆祝中华人民共和国成立70周年活动

建设铸牢中华民族共同体意识示范市

铸牢中华民族共同体意识

广泛开展红色文化宣传教育

构筑中华民族共有精神家园

　　常态化开展"铸牢中华民族共同体意识"主题教育，深化马克思主义国家观、历史观、民族观、文化观、宗教观宣传教育，推动铸牢中华民族共同体意识进社区、进农村、进企业、进家庭、进宗教活动场所等"十进"活动。深入实施党员干部培元固本、青少年学生夯基育苗、各族群众凝心聚魂、社科理论正本清源"四大工程"，经常性开展面向各族群众的理论阐释、政策解读和故事宣讲，在潜移默化中影响各族群众的思想观念、价值判断、道德情操。

不断增强中华文化认同

　　开展民族团结进步创建，举办社区邻居节等活动，推动各民族交往交流交融。利用好盐池革命烈士纪念园、同心县

吴忠市石榴籽雕塑

红军西征纪念馆等各类红色资源，广泛开展红色文化宣传教育。加强引黄古灌渠、古村镇等文化遗产的挖掘保护传承利用，讲好"黄河故事"。完善文化产业规划和政策支撑，推动文化产业逐步发展壮大。持续巩固全国公共文化服务体系示范区创建成果，大力实施文化惠民工程，积极繁荣文艺精品创作，深化全民阅读，打造"文化吴忠""书香吴忠"，提升文化软实力。

提升文化软实力

提升民族事务依法治理水平

广泛开展民族法治宣传教育，依法妥善处理涉民族因素的案事件，依法打击各类违法犯罪行为，切实保障各族群众合法权益。健全优化法治体系建设，推进防范化解民族领域风险隐患体制机制建设，持续巩固民族团结、社会稳定的良好局面，坚决守好维护政治安全生命线。

坚决守好维护政治安全生命线

建设绿色发展先行市

守护黄河长久安澜

以黄河干流为主轴,突出黄河长治久安,实施河道控导、河道治沙、滩区治理、航运建设提升等项目,加快完善城市防洪工程体系,提标改造青铜峡、利通区河岸堤防,防洪标准达到百年一遇。对罗家湖、古城湾等河滩滩涂进行植被恢复,提标改造黄河湿地。实施贺兰山东麓、牛首山北麓防洪及病险水库除险加固工程,完善城市防洪排涝工程体系,确保城市安全。

完善城市防洪排涝工程体系

保护修复生态系统

统筹推进水源涵养、水土保持、生态修复工程项目建设,增强生态系统的安全性、稳定性。科学开展大规模国土绿化行动,坚持植树种草增绿、矿山修复补绿、农村适地适绿、城市应绿尽绿,实施城乡绿化美化、森林资源保护、林业产业提升工程,统筹推进"七大生态系统"建设,突出抓好罗山、牛首山等生态修复工程。持续开展哈巴湖、青铜峡库区等河湖湿地和草原生态修复治理,加快生态移民迁出区生态修复。

统筹推进"七大生态系统"建设

深入打好污染防治攻坚战

严格落实能耗"双控"目标,梯次实现碳达峰、碳中和。以更高标准打好蓝天、碧水、净土保卫战,确保空气质量、地下水位、黄河流域吴忠段过境断面水质、土壤环境质量"四个不降"。统筹推进"四尘同治",强

"四尘同治"

美丽乡村——利通区古城镇新华桥村

化工业污染综合治理，实施清洁能源替代工程，持续改善环境空气质量。统筹推进"五水共治"，巩固提升入黄排水沟、黑臭水体整治成果和饮用水安全保障水平，推动污水处理厂尾水人工湿地建设全覆盖。统筹推进"六废联治"，深入开展"清废行动"，加强固体废物和化学品环境管理，提高医疗废弃物集中处理能力。

饮用水源、黑臭水体、工业废水、城乡污水、农田退水"五水共治"

持续建设美丽城乡

实施城市更新行动，持续完善水电气暖、通讯交通等网络系统。加快市区东片区开发建设，积极推进城市老旧小区、城中村改造。实施美丽宜居乡村建设行动，高质量打造一批重点小城镇、美丽村庄、乡村振兴示范村。实施农村人居环境整治提升五年行动，因地制宜推进农村改厕、清洁供暖、生活垃圾处理和污水治理，让群众住得更舒心。

乡村振兴示范村

附 录

《中国国家人文地理·吴忠》图片提供：吴忠市委宣传部、市文化旅游体育广电局、市文联、市新闻传媒中心、利通区委宣传部、红寺堡区委宣传部、青铜峡市委宣传部、盐池县委宣传部、同心县委宣传部

《中国国家人文地理·吴忠》文字提供：吴忠市委办公室、市委宣传部、市政府办、市发展改革委、市工业和信息化局、市自然资源局、市民政局、市生态环境局、市住房和城乡建设局、市交通运输局、市水务局、市农业农村局、市商务和投资促进局、市乡村振兴局、市文化旅游体育广电局、市统计局、市文联、市委党史和地方志研究室、利通区委宣传部、红寺堡区委宣传部、青铜峡市委宣传部、盐池县委宣传部、同心县委宣传部

责任编辑：高红玉

复　　审：卜庆华　周秀芳

终　　审：陈　宇

整体设计：方　芳

设　　计：风尚境界　周怡君

地图编绘：封　宇　周怡君

信息图表：北印文化　周怡君　风尚境界